J. F. KENNEDY Y MARILYN MONROE
El romance que incomodó al poder

Cordelia Callás

J. F. KENNEDY Y MARILYN MONROE
El romance que incomodó al poder

Colección
Grandes Amores de la Historia

L.D. Books

México ◆ Miami ◆ Buenos Aires

J. F. Kennedy y Marilyn Monroe
© Cordelia Callás, 2009

❦ L.D. Books

D.R. ©Editorial Lectorum, S.A. de C.V., 2009
Centeno 79-A, col. Granjas Esmeralda
C.P. 09810, México, D.F.
Tel: 55 81 32 02
www.lectorum.com.mx
ventas@lectorum.com.mx

    L.D. Books Inc.
    Miami, Florida
    sales@ldbooks.com

    Lectorum S.A.
    Buenos Aires, Argentina
    ventas@lectorum-ugerman.com.ar

Primera edición: julio de 2009
ISBN: 978-607-457-035-9

D.R. © Portada: Victoria Burghi
D.R. ©Foto de portada: Adisa (para Shutterstock)
D.R. ©Retratos de portada: Ricardo Ajler

Características tipográficas aseguradas conforme a la ley.
Prohibida la reproducción total o parcial sin autorización escrita del editor.

Impreso y encuadernado en México.
Printed and bound in Mexico.

Introducción

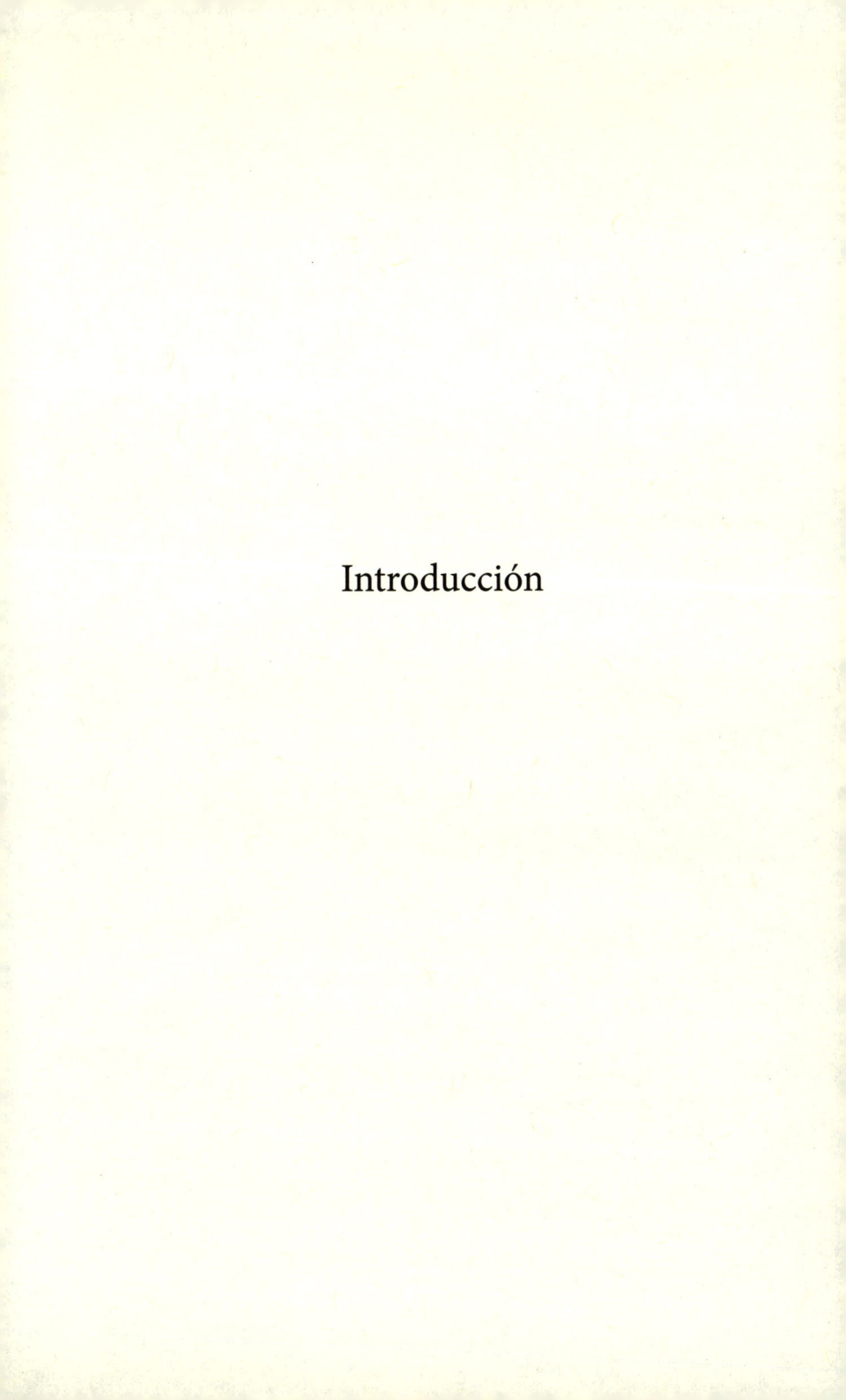

Este es el somero relato de uno de los Grandes Amores de la Historia, entendiendo la palabra "amor" en su múltiple acepción de arrobamiento, pulsión erótica, pasión, atracción sexual, y no en el limitado concepto que tal vez acunaran los trovadores provenzales y depurasen los escritores románticos. Si John y Marilyn se amaron de veras en este último sentido (y en ella esto era más probable), es algo que la propia índole prohibida de su relación nos escamoteará para siempre.

Nos planteamos aquí una breve aproximación a la naturaleza de un acercamiento que irritó o sirvió de instrumento a poderes para nada ligados a la cuestión amorosa. Por ello hablaremos más de la época, de Hollywood y Washington, de amigos y enemigos que de una cronología exacta de sus encuentros. Ni siquiera citaremos la filmografía de Marilyn, a la mano de cualquier lector interesado, porque es el lapso vivido en común por estos dos seres y la consecuencia del mismo lo que nos interesa.

El de ellos, rosas y suspiros aparte, es un gran amor por lo que significa como acto libre ante la necesidad impuesta por el medio y las circunstancias. Su trágico fin sigue reclamando justicia ante una Historia que debe dejar en claro, en paz y en orden, cada uno de los pasos de la evolución humana.

Ambos fueron asesinados, y ese romance (en mayor o menor medida) gravitó en los respectivos crímenes. Tal vez el que más suscite la piedad pública sea el de ella.

Marilyn, como veremos, era una hija de la desgracia. Había cometido muchos errores en su vida pero, en todo caso, no hizo alianzas con el crimen para triunfar y fue ella y sólo ella la que pagó las consecuencias. Su imperiosa necesidad de ser amada la arrastró por dolorosos senderos que, al fin y al cabo, no le dejaron otra cosa que una enorme soledad. Sin embargo, la falsa rubia les brindaba a quienes la rodeaban una amistad incondicional; bien distinta de la que solían devolverle. Procuraba comprender al mundo y a la política de la manera en que podía, y por lo general era bastante ingenua. Alguna vez, consciente de esa ingenuidad dijo:

"Los políticos pueden seguir cometiendo sus crímenes porque la gente sabe de política tanto como yo. O menos".

No imaginaba lo profético de su frase. Desde ese lugar *naif* midió las consecuencias del estrechísimo vínculo que había establecido con el poder político y con la mafia. Creyó en la libertad, la democracia y los derechos civiles que alzaba como bandera su poderoso país. Supuso que la verdad (toda ella) podía ser siempre dicha, públicamente si era necesario.

Marilyn Monroe anotaba en un diario todo lo que le decían aquellos a quienes ella consideraba inteligentes, sólo para poder aprender de ellos y lograr, luego, conversar en igualdad de condiciones. Fue incapaz de percibir la profunda y trágica oscuridad que envolvía a la política en los tiempos que le tocaba vivir.

• John tenía una carga familiar muy pesada, ambiciones políticas propias y en gran parte heredadas de su familia, que también le legó una pragmática manera de entablar alianzas. Y tenía también un impulso hacia las faldas que sus oponentes sabrían usar.

Para enmarcar a ambos protagonistas y al romance mismo, retrataremos, no hay alternativa, aquellos tiempos de Guerra Fría, escalada armamentista y teléfonos rojos, que preanunciaron los diez sangrientos años de Vietnam, el asesinato de Martin Luther King, el del mismo John Kennedy y luego el de su hermano Bob. Luego vendrían también las frecuentes operaciones encubiertas de la CIA, el peso de las corporaciones a la hora de poner o sacar presidentes, el alejamiento del ciudadano común de las grandes decisiones mundiales.

John tal vez se rehusó a ver todo lo que se avecinaba. Marilyn no habría podido verlo, y hasta había creído que podía ser amada por los mismos que habrían de destrozarla. Esta es la historia de un amor breve, y de un largo reclamo de claridad y justicia.

Capítulo I
El *iceberg* sobre el agua

La llegada de John Fitzgerald Kennedy a la primera magistratura de los Estados Unidos fue una de las más claras señales de los nuevos tiempos que comenzaban a recorrer el mundo entero. Restañadas las muchas heridas que había dejado la Segunda Guerra Mundial y dividido el planeta de acuerdo a las apetencias de las potencias triunfantes, en especial Estados Unidos y la Unión Soviética, comenzaba un nuevo combate: el ideológico. Tanto uno como otro bloque buscaba imponer un modelo político, económico y social para regir al mundo.

En el marco de la vida cotidiana, las sociedades estructuradas, regidas por tradiciones inmemoriales que imponían esquemas familiares determinados, comenzaban a crujir. Hacia finales de la década de los 50, el modo clásico de entender los vínculos sociales y el concepto de autoridad se derrumbaban.

Finalizando esa década, el 1 de enero de 1959, un suceso impensable diez años antes sacudió a los espíritus más atrevidos: el triunfo de la revolución cubana. El, para muchos, pintoresco grupo de barbudos de la Sierra Maestra derrotaba al ejército del dictador Fulgencio Batista y entraba triunfante a La Habana. Con esos insurgentes que lograban tomar el poder, llegaba a toda América el mensaje de que era posible instaurar un nuevo modelo de sociedad. En el resto del mundo, otros barbudos y pelilargos intuían que los tiempos estaban cambiando, y para bien.

En los Estados Unidos, pero irradiando el modelo a todo el globo, grupos de jóvenes desertaban del culto al "sueño americano" y a horcajadas de una música que sacudía las buenas conciencias comenzaban a proclamar el amor libre, la paz y la apertura de las "puertas de la percepción", mediante ideas nuevas y alucinógenos.

De muchas maneras, John Kennedy representaba parte de aquello que parecía llegar irremediablemente. Era el segundo presidente más joven de los Estados Unidos, católico apostólico romano, por añadidura, y el primero nacido en el siglo XX.

Elegido en 1960, cuando la República de Benín, Camerún y el Congo se independizaron de Francia, el Papa Juan XXIII ungió cardenal por primera vez a un sacerdote de color negro y el *Pioneer 5* partió desde Cabo Cañaveral hacia el Sol, JFK, o Jack para sus íntimos, se disponía a gobernar una de las dos potencias mundiales con apenas cuarenta y tres años de edad. El apuesto joven llegaba desde el seno de una influyente y tradicional familia irlandesa norteamericana. Joseph, su padre, había sido embajador estadounidense ante Gran Bretaña y, antes que nada, amigo personal de Franklin Delano Roosevelt, a quien había apoyado financieramente en su campaña; Rose Fitzgerald, su madre, era hija menor de *Honey Fitz* (John Fitzgerald), alcalde de Boston y congresista por dicha ciudad.

Regular estudiante de Harvard pero héroe de la Segunda Guerra Mundial, John se aprestaba a cumplir con el mayor anhelo de su padre: que los Kennedy condujesen los destinos de la Gran Nación a la que habían llegado sus ancestros irlandeses.

Sin embargo, Jack no era un joven demasiado dispuesto a cumplir con mandatos políticos o sociales. Ya en 1946, cuando obtuvo su primer cargo parlamentario con veintinueve años de edad, había mostrado una marcada tendencia a no respetar con su voto las decisiones políticas de los demócratas, su propio partido. No era que John pecara de muy liberal y reformista para el paladar demócrata, todo lo contrario. Ocurría que si el joven no era capaz de remover ciertas estructuras partidarias tradicionales, jamás llegaría a cumplir el sueño del viejo Joseph.

Theodore Sorensen, su mejor biógrafo, y el miembro más brillante del equipo con el que John llegaría a la presidencia, subraya:

"Kennedy era considerado despectivamente por los intelectuales como *político*, y por los políticos como *intelectual*".

Otro elemento fundamental, que había llegado de la mano de la década del 50 y que transformaría para siempre la vida cotidiana de las sociedades del mundo era la televisión. Y así como Roosevelt se había valido del efecto multiplicador de la radio para llegar a sus votantes, Kennedy libraría con su oponente, Richard Nixon, los primeros debates televisivos de la historia. La imagen, que hubiese jugado en contra de Roosevelt, se transformaría a partir de entonces en una herramienta de captación política, y el joven JFK sacaría todo el provecho posible de ella.

Vigoroso, inteligente, pero, además, bien parecido, Jack remontó la cuesta de la "inexperiencia" que le restaba apoyo entre el electorado, gracias a esa pequeña "caja luminosa" que le permitió que 60 millones de compatriotas se dejaran encandilar por su carisma.

Para una sociedad norteamericana que salía lentamente de la post guerra, y que todavía observaba de reojo las dramáticas situaciones vividas durante la gran depresión del 29, la nueva década, esos "revolucionarios 60", eran aún más una intuición que una realidad; y también contra eso debía luchar el reelecto senador por Massachusetts. Dice Ovidio Andrada al respecto:

"En un análisis superficial, la sociedad norteamericana no presentaba problemas particularmente agudos o irritantes que excitaran a la opinión pública, como para poner grandes expectativas en la elección presidencial de ese año. Aparentemente no existían razones de peso para que el electorado dejara de votar a Nixon, auténtico continuador del bonachón Eisenhower, que conservaba gran parte de su popularidad. Nixon aparecía como un hombre de experiencia en los asuntos de gobierno, capaz de discutirle frente a frente al mismísimo Kruschev o realizar giras oficiales por América Latina (claro que con un éxito deplorable). Por otra parte el Partido Republicano presentaba una estructura monolítica y Nixon era apoyado por las alas más extremas del partido; Rockefeller, del ala liberal, y Goldwater, de la extrema derecha, aparte del apoyo incondicional del 'moderado' Eisenhower".

Ese era, exactamente, el escenario político que debía enfrentar el rutilante y bronceado JFK. Tal cual señala el propio Andrada, los demócratas, que habían debido soportar una interna feroz (Kennedy se había impuesto por un exiguo margen a Lyndon Johnson) aparecían sumamente debilitados para enfrentar la elección presidencial. Y si los sueños juveniles concebían una nueva era, ésta no era perceptible aún por la mayoría de los atávicos votantes.

Sin embargo, a diferencia de lo que ocurría con sus conciudadanos, Jack sí estaba consciente de los nuevos tiempos que envolvían al mundo. La funesta experiencia del macartismo había probado los estrechos límites de la política anticomunista cerril desarrollada hasta entonces, y el sostenimiento de la economía con la industria bélica como locomotora también comenzaba a mostrarse como un callejón sin salida. Una cierta distribución de la riqueza, programas de salud y educación, derechos civiles para los negros y las minorías étnicas, constituían las bases de su Nueva Frontera. La lucha contra la Unión Soviética debería ser por la conquista del espacio y no de nuevos territorios satélites con la bota invasora.

Así las cosas, JFK conformó un equipo de campaña (que luego lo acompañaría en la Casa Blanca) pleno de jóvenes brillantes, activos, desestructurados y dispuestos a valerse de todos los avances tecnológicos que los nuevos tiempos aportaban. Contaba para eso con los recursos que generosamente derramaban el partido y su propio padre, que había hecho dinero por algunos medios *sanctos* y otros no.

Una boda apropiada

La sociedad norteamericana, en especial la clase media, y mucho más a finales de la década de los 50, observaba con particular cuidado la vida privada de quienes habrían de administrar los destinos del país. En un raro juego que se prolongó en el tiempo para llegar a nuestros días, el norteamericano medio siempre se mostró dispuesto a aceptar licencias en el terreno afectivo y sexual en el ciudadano común, que en cambio condenó duramente en los políticos.

De tal modo, la vida privada de quienes aspiraban a cargos públicos –ni que hablar de la presidencia de la nación– debía tener ribetes ejemplares. Una familia armónicamente constituida era un requisito indispensable para cualquier candidato que tuviese aspiraciones serias.

Desde luego, esto no lo ignoraban los Kennedy. Por ello no pareció casual que a poco menos de un año más tarde de convertirse en senador de los Estados Unidos, John contrajera matrimonio con Jacqueline Lee Bouvier, una joven de la alta sociedad neoyorquina cuyos progenitores estaban ligados al mundo de las finanzas. John Vermou Bouvier III, el padre, era un reconocido corredor de bolsa, seductor y *bon vivant*, y Janet Norton Lee Bouvier, la madre, era hija de un poderoso banquero.

La joven Jackie, que luego de graduarse en la universidad George Washington había profundizados sus estudios en la Sorbona de París, hablaba francés y castellano como su propia lengua, escribía poesías y leía con avidez. Era, en suma, el modelo ideal de mujer imaginado por el viejo Joseph para decorar a sus presidenciable hijo.

En 1952, Jacqueline trabajaba como fotógrafa para el *Washington Time Herald*, y estaba comprometida con John Husted Jr., un corredor de bolsa con escaso glamour e inciertas posibilidades de futuro. Sin embargo Jackie parecía convencida de unirse a él, mas un *affaire*, en apariencia sin importancia, con el ascendente John Fitzgerald Kennedy, fue la sepultura del compromiso con el otro John.

La firme intervención de Janet, que aspiraba para su hija un futuro mejor que el que podía ofrecerle un oscuro corredor de bolsa, y la decidida participación de Joseph, al que el modelo matrimonial le cerraba por todos lados, condujeron a Jack y Jackie hasta un altar en Newport, en el emblemático estado de Rhode Island, una de las trece colonias originales que declararon la independencia del dominio inglés.

El posterior matrimonio, llevado a cabo con toda la pompa que ambas familias habían planificado, acabó convirtiéndose en la más redituable noticia que los medios de comunicación estadounidenses tuvieron durante aquel setiembre de 1953.

El arzobispo de Boston, monseñor Cushing celebró la boda frente a más de 800 personas que asistieron al evento del año. Luego llegó el momento de saludar a los novios. Cerca de 1200 invitados debieron hacer fila durante más de una hora para poder felicitarlos. El soltero más codiciado había sucumbido bajo el influjo de la afrancesada Jackie. El amor que ambos se profesaban no parecía, sin embargo, tan rutilante. Pero Jackie cumplía a la perfección el rol que le había sido asignado. El mismísimo Nikita Kruschev, ubicado en la acera contraria a esa sociedad, la describió así:

"Jacqueline, la esposa de Kennedy, era una mujer joven a la cual los periodistas habían calificado siempre de gran beldad. No me impresionó en el sentido de que poseyera esa belleza peculiar y brillante susceptible de hechizar a los hombres, pero era juvenil, enérgica y agradable y me gustó mucho. Sabía bromear y era, como dice nuestro pueblo, ágil de lengua. En otros términos: no le costaba nada encontrar la palabra justa para frenarlo a uno, si uno no se mostraba cuidadoso con ella. Mi conversación con ella consistía sólo en trivialidades... Pero hasta en las trivialidades Jacqueline demostraba su inteligencia".

Los medios los mostraron jóvenes, radiantes, envidiables. Pero al apagarse los flashes la realidad no era tan perfecta.

Fuera de las luces

Jackie era luminosa, activa y cargada de vitalidad. John, en cambio, nunca había gozado de una buena salud. A los catorce años había sufrido un ataque de apendicitis que lo obligó a abandonar el colegio para recuperarse en su hogar. Tres años más tarde, a causa de una colitis aguda que le hizo perder mucho peso, debió pasar tres meses internado en el Yale New Haven Hospital, y luego, dos meses más en la Clínica Mayo, en Rochester. Un año después, en Londres, estudiando economía en el London School of Economics, una ictericia lo devolvió a los Estados Unidos, tras una internación de urgencia en Gran Bretaña. Entre enero y febrero de 1936, en Boston, nuevamente debió pasar quince días en un hospital, mientras se le realizaban estudios para descartar una posible leucemia.

En 1941, en plena Segunda Guerra, John se había ofrecido como voluntario en el ejército, pero en la revisión médica se le detectó un problema de columna y no fue admitido. Sin embargo, en setiembre de ese año, y merced a las buenas influencias de su padre, John fue aceptado en la armada. Se lo destinó a la lancha torpedera *PT-109*, la que en agosto del 43 fue atacada por un destructor japonés. Kennedy cayó al agua volviéndose a lesionar seriamente la columna. Nunca más se recuperó de esa lesión, a causa de la cual, en parte, perdió la vida. Se dice que John llevaba puesto un corset aquel 22 de noviembre en Dallas, por lo cual no pudo evitar el segundo y tercer disparo. Pero aún faltaba para ello.

Narra André Kaspi, uno de sus mejores biógrafos, que en octubre de 1954 debió ingresar nuevamente al hospital:

"Desde hace varios meses, cada vez tiene que servirse con más frecuencia de la muletas. Sus colaboradores cuentan que durante la campaña de 1952 escondía las muletas en el fondo de su automóvil y las cogía de nuevo tan pronto estaba seguro de no ser visto por el público. Al parecer, el día de su boda temió no poder volver a levantarse después de haberse arrodillado en la iglesia".

Lo cierto es que, pese a la imagen de pareja feliz, joven y afortunada, el vínculo entre ambos pronto comenzó a deteriorarse. La salud de John, siempre exigiendo cuidados; su debilidad por las mujeres, que lo tornaba un Don Juan incurable; el aborto natural que padeció Jacqueline dos años después del matrimonio; y la muerte de Arabella, la primera hija del matrimonio, en 1956, corroían inexorablemente una relación que a los ojos del periodismo de entonces no tenía fisuras.

La verdad era que, escondida detrás de sus eternas y gigantes gafas oscuras, Jackie sentía que el matrimonio se le iba de las manos y no podía hacer nada para remediarlo. Era la perfecta y amada Primera Dama del pueblo norteamericano, pero evidentemente, para JFK eso no bastaba. Ella afirmó una vez.

"Somos como un *iceberg*, nuestra vida pública se halla sobre el agua, y nuestra vida privada debajo de ella. Eso es lo que nos une".

Y lo que estaba bajo el agua era, en parte, la afición de John por las femeninas curvas. Cristopher Andersen, autor de *Jack y Jackie, retrato de un matrimonio americano*, entrevistado por la periodista Ana Barón, cuenta que construyó la obra a partir de testimonios de amigos íntimos de la pareja que revelan, por ejemplo, que John fue amante, entre otras mujeres, de Audrey Hepburn, Sophia Loren y Lee Remick.

Jackie, a su vez, vivió una corta relación con William Holden –ex amante de Audrey Hepburn–, y se presume que fue algo así como una revancha por la relación amorosa que su marido había tenido con la actriz. Otro romance, más intenso y prolongado, fue con Roswell Gilpatrick, el segundo responsable del Departamento de Defensa de la administración Kennedy, quien la visitaba en Camp David cada vez que el presidente estaba de viaje. A la muerte de John, Jackie se fue con Gilpatrick a Acapulco, levantando un verdadero vendaval de críticas. Andersen afirma en el citado reportaje que John había heredado su debilidad por las mujeres del viejo Joseph:

"Joe Kennedy era terriblemente mujeriego y no lo escondía. Un día, cuando tenía menos de catorce años, Jack Kennedy descubrió a su padre besando en el jardín a su amante, la actriz Gloria Swanson. Cuando Gloria vio que Jack los estaba mirando trató de separarse de Joe, pero éste la abrazó todavía más fuerte, para que su hijo aprendiera a tratar a las mujeres".

El biógrafo de la pareja presidencial más popular de los Estados Unidos sostiene que Jacqueline ya conocía esta debilidad de John. No era su primer contacto con ella; su propio padre era un seductor y un mujeriego incurable. Y cuando Jack quedaba prendado de una mujer jamás aceptaba un "no" como respuesta.

Es el caso, tal cual consigna Andersen, que se dio con Sophia Loren. La voluptuosa italiana tenía sólo veinticuatro años cuando se encontró con Kennedy en la embajada italiana en Washington. Había rechazado la propuesta matrimonial que le hiciera Gary Grant para aceptar comprometerse con Carlo Ponti. Encandilado con la joven, Jack le pidió a un amigo que la invitase a cenar en nombre suyo. La Loren se negó. Pero John no se amilanaba con facilidad. Aún arriesgando un nuevo rechazo, el senador encaró personalmente a la diva, quien esta vez, sí aceptó el convite. Y esa noche durmieron juntos. Ana Barón escribe:

"Las conquistas de actrices de JFK habían comenzado en el verano de 1956 con Jean Simmons, que reconoció más tarde que Jack casi rompe la puerta del hotel cuando ella la cerró con llave. Tuvo que abrirla y así comenzó el romance".

Sin embargo, pese a los *affaires* que John tuvo con mujeres famosas, Andersen afirma que fue Pamela Turner, una simple recepcionista de su oficina en el Senado, quien levantó verdaderas olas de pasión en el Don Juan de Massachusetts.

"Era bellísima, de pelo negro y ojos verdes. Había salido con el famoso *play boy* de la época, Alí Khan. Jack la contrató como recepcionista en su oficina en el Senado y comenzó con ella una relación muy secreta. Sin embargo, un día los dueños de casa donde vivía Pamela, Florence y Leonard Kater, descubrieron que el que venía a visitarla casi todos los días a la una de la mañana era Jack Kennedy. Como los Kater eran muy religiosos decidieron poner micrófonos en la casa de Pamela y un día, cuando John salía de la casa, le sacaron una foto".

La imagen fue publicada en un periódico pero cuando John argumentó que había visitado a la chica por razones laborales la noticia perdió trascendencia.

Capítulo II
Una hija de la calle

Símbolo sexual por antonomasia, Marilyn llegó al mundo el primer día de junio de 1926, en la ciudad de Los Ángeles, con el nombre de Norma Jeane Mortenson, aunque en el bautismo su apellido mutó por el de Baker. Hija de Martin Mortenson, un inmigrante noruego a quien Marilyn nunca conoció, y de Gladys Monroe, una cortadora de negativos de RKO (*Radio-Keith-Orpheum*), una de las cinco mayores productoras cinematográficas del Hollywood de la primera mitad del siglo XX, casualmente propiedad de Joseph Kennedy, quien había entrado al negocio del cine en 1926, luego de hacer una fortuna con la venta ilegal de alcohol y operaciones en la Bolsa.

Afectada por serios desequilibrios emocionales, Gladys, no solamente no pudo darle un padre reconocible a la pequeña Norma; ni siquiera fue capaz de criarla. Saltando de pareja en pareja, y con una persistente tendencia suicida que la condujo al manicomio una y otra vez, Gladys fue incapaz de dejarle como herencia a su hija más que el fantasma del cine y la obsesión por el suicidio, que ya había llevado a la muerte al abuelo de la pequeña Norma, a su abuela y a su hermano Jackie.

Lo cierto es que, desde la sexta semana de vida, la futura Marilyn Monroe fue dada al cuidado del matrimonio Bolender que se ocupaba de cuidar niños por dinero. Su madre la visitaba los sábados y trabajaba con un solo objetivo: comprar una casa para irse a vivir con su hija.

Al fin, en 1933, Gladys adquirió una casa de dos plantas, cerca de Hollywood Bowl, y se llevó a la pequeña Norma a vivir con ella. Eran tiempos de depresión y bajos salarios por lo que, para pagar las cuotas de la propiedad, Gladys le alquiló el piso de arriba al matrimonio Kinnell, unos ingleses que llegaban para probar suerte en el cine.

Al año siguiente, tal cual narraría la propia Marilyn en una entrevista periodística, Murray Kinnell (un actor de cuarta categoría) la hizo pasar a su cuarto y abusó de ella. La pequeña Norma narró el incidente a su madre, quien cayó en un estado de locura que la hizo terminar internada en el hospital psiquiátrico Norwalk.

La futura Marilyn vivió un año con Grace McKee, amiga de su madre, pero cuando Grace ya no pudo seguir manteniendo a la pequeña, Norma Jeane fue a dar al Hogar de huérfanos de Los Ángeles.

Desde entonces, la pequeña de pelo castaño y ojos vivaces comenzó a alternar su vida entre el orfanato y hogares sustitutos. Donald Wolfe reproduce a la propia Marilyn hablando de aquellos días:

"Me ubicaron con una familia a la que se le pagaban cinco dólares semanales para que me tuvieran. Me ubicaron con nueve familias diferentes hasta que pude dejar de ser una huérfana legal. […] Las familias que me llevaban sólo tenían una cosa en común: necesitaban los cinco dólares. La mayoría tenían hijos propios, y yo sabía que ellos estaban primero. Tenían vestidos de colores vivos y juguetes. Mi propia ropa nunca variaba. Consistía en una falda azul desteñida y una blusa blanca".

Más adelante, con doloroso sarcasmo, Marilyn recuerda:

"Cada dos semanas el Hogar enviaba a una inspectora para ver cómo les iba a sus huérfanos en el mundo. La mujer nunca me hacía preguntas, pero me levantaba el pie para ver las suelas de mis zapatos. Si no estaban gastadas del todo, se informaba que mi situación era próspera. A mí no me importaba ocupar el último lugar en estas familias, excepto los sábados por la noche, cuando todos se bañaban. El agua costaba dinero, y cambiar el agua de la bañadera era una extravagancia inusitada. Toda la familia usaba la misma agua. Y yo era la última en bañarme".

En 1938 Norma tenía ya doce años, y fue a dar a la que sería su última casa adoptiva y a la que con más cariño recordó siempre. Edith Ana Lower era una cristiana devota, de cincuenta y ocho años, muy cariñosa con los niños. Pero dos años más tarde, Ana ya no pudo cuidar a Norma Jeane.
La muchacha de catorce años había desarrollado ya un cuerpo magnífico. Se mudó a vivir nuevamente con Grace McKee. Allí conoció a James Douherty, un irlandés apuesto con el que se casó en 1942. Ella tenía entonces dieciséis años, y el matrimonio parecía ofrecerle una buena salida hacia una vida normal.

El destino llama

Pero al comenzar la Segunda Guerra, el joven esposo se alistó en la Marina norteamericana y Norma lo acompañó al destino asignado, isla Catalina. Para la futura *sex symbol* no fue difícil conseguir empleo en la fábrica que la Marina tenía emplazada en el lugar. Ese sería su trampolín hacia una nueva vida.

En 1945, con la guerra a punto de terminar, un reportero gráfico visitó la fábrica con el fin de describir el trabajo que hacían las mujeres allí, y la foto de Norma fue la elegida para ilustrar la portada de la publicación que encomendó la nota. Bella, sonriente, parada delante de su máquina de trabajo, con una hélice en la mano y con el enrulado pelo castaño sostenido por una vincha, la dulce Norma cautivó a los editores de la revista *Yank*, un semanario publicado por el Ejército estadounidense durante la Segunda Guerra, quienes le propusieron convertirse en modelo. Contratada inmediatamente por la agencia Blue Book y representada por Emmeline Snively, la propietaria de la agencia de modelos que le sugirió teñirse de rubio platinado, al terminar ese año la vida de la muchacha del orfanato había cambiado radicalmente. Su rostro era la portada de cerca de 30 revistas, su nombre había mutado a Marilyn Monroe, tal cual lo sugerido por Ben Lyon, jefe de reparto de la 20th Century-Fox, quien la contrató con un salario de 75 dólares a la semana.

Pero no sólo buenas noticias hubo a lo largo de aquel año crucial. Sin el trabajo en la fábrica, separada y lista a divorciarse de su marido –lo que ocurrió en 1946– y sin un ingreso de dinero fijo hasta que llegó la propuesta de Lyon, Marilyn, tal cual contó Marlon Brando años después, "vagaba por las calles de Nueva York cambiando sexo por comida".

La información tiene que ser exacta porque en 2008, salió a la venta un cortometraje en el que se ve a Marilyn practicándole sexo oral a un hombre. La película fue capturada por un fanático admirador de la diva, quien desembolsó un millón y medio de dólares, para que el material no viese jamás la luz pública.

Al promediar 1946, y con apenas veinte años de edad, Marilyn Monroe ya era casi una veterana de la vida, pero seguía corriendo desesperadamente detrás de lo que más necesitaba: amor. En un breve trabajo cargado de información, resume Pedro Calleja aquellos años:

"Además de dejarse fotografiar en actitudes atrevidas, las chicas de Blue Book tenían la obligación de asistir a numerosas fiestas privadas. En una de ellas, Norma Jean conoció a su primer amante VIP, el actor Errol Flynn, que solía amenizar la velada tocando el piano con el pene. De esta época data también su relación con el fotógrafo húngaro André de Dienes, quien le enseñó a hacer el amor en diferentes posturas".

Apunta más adelante Calleja:

"En esta época, Marilyn compaginó a sus amantes más o menos oficiales, como Karger y Hyde, con personajes tan curiosos como Anton Lavey, pianista de cabaret y futuro líder satanista; Charlie y Sidney Chaplin, hijos del gran Charles Chaplin, o el magnate del cine y la aviación Howard Hughes, que le regaló un broche de medio millón de dólares".

Fred Karger era director musical de la Columbia Pictures, y Johnny Hyde, representante artístico de figuras tales como Rita Hayworth y Bob Hope, entre otros. Profundamente enamorado de la bella Norma Jane, Hayde perdió su matrimonio, su prestigio y su dinero por estar junto a ella. Dice Wolfe:

"Johnny le compró ropa, la ubicó en un apartamento de un ambiente en el hotel Beverly Carlton, en Olympic Boulevard, y la llevó al cirujano plástico de las estrellas, Michel Gurdin, que le redondeo el mentón y le sacó la protuberancia de la nariz, la protuberancia que, según Grace, era su única imperfección".

Marilyn, por su parte, dijo de Hayde, el hombre que además le ayudó a conseguir su primer trabajo en una película importante, "La jungla de cemento", dirigida por John Huston:

"Ningún hombre me ha mirado nunca con tanta bondad. Él no sólo me conocía a mí: conocía también a Norma Jeane. Conocía todo el dolor y la desesperación dentro de mí... Nadie me ha amado jamás de esa manera. Yo deseaba con todo el corazón poder retribuir su amor. El corazón me dolía de tanta gratitud. Pero el amor que él esperaba no estaba dentro de mí. Es más fácil tratar de volar que de amar".

En agosto de 1947, la Fox decidió no renovar el contrato de Marilyn. Por entonces la flamante actriz solía asistir a las fiestas y cenas que daba Joe Schenck, uno de los directores de la Fox. Schenck que contaba por entonces setenta años, le había tomado afecto a la rubia jovencita y, de muchas maneras, pasó a transformarse en su padre adoptivo. Cuando Marilyn le contó que se había quedado sin trabajo, el viejo Joe le contestó:

"Prueba en la Columbia. Puede haber algo allí".

Al fin del verano había sido contratada por 125 dólares a la semana. No porque fuese tan cautivante como para conmover al director del departamento de distribución de roles en un segundo, sino porque Schenck había levantado el teléfono. Marilyn había encontrado actitudes paternales en una jungla que no se caracterizaba por ello. Con su curiosa habilidad para concebir frases memorables, mucho más adelante diría:

"En Hollywood te pueden pagar 1.000 dólares por un beso, pero sólo 50 centavos por tu alma".

Pero su obstinación y su encanto se abrirían paso donde muchos otros fracasaban. Tal vez la dura escuela de la vida le confirió una habilidad para superar obstáculos que luego, los excesos y las desilusiones irían minando. Pero aún había mucha historia por escribir.

Capítulo III
Razones del corazón

El escaso margen de votos con el que John Fitzgerald Kennedy se impuso en las elecciones de 1960, daba cuenta con claridad del doble mensaje que el electorado le estaba enviando al poder político de entonces. Por un lado, el senador por Massachusetts era percibido por una parte de los votantes como el mejor intérprete de los cambios sociales y culturales que llegaban con el final de los 50. Pero por otro lado, más allá de las siempre inciertas promesas electorales, Kennedy, como senador, no había dado demasiadas muestras de transitar un carril diferente respecto de las prácticas políticas tradicionales. Paradojalmente, era a la vez una llave y un candado.

En verdad, la mismísima sociedad norteamericana no terminaba de comprender las transformaciones que, sin embargo, no era levemente percibida. Era imposible no hacerlo, ya que bastaba salir a la calle y ver cómo la gente joven se vestía, qué ideales tenía, qué lenguaje usaba, qué música escuchaba. Volvamos a evaluar ciertos datos culturales para comprender ese ambiente.

Los tiempos cambiantes que anunciaría Bob Dylan en 1962, habían comenzado en la música casi una década atrás. En 1954, desde Memphis, había llegado la voz de un atrevido muchacho de diecinueve años que mezclando el folk, el country y el western, hacía un tipo de música que no se había escuchado hasta entonces. Se movía sensual y descaradamente; parecía tener las caderas rotas. Y rápidamente, Elvis Presley rompería cánones y taquillas. Ray Charles había despachado la década con *What did I say*. Y allende el mar, los abuelos ingleses verían en breve el delirio provocado por cuatro jóvenes de la oscura Liverpool.

Los honestos ciudadanos de los Estados Unidos, que habían apoyado la guerra y los tradicionales modos de vida, no entendían mucho, pero sabían que alguien debería intentarlo, si es que conservando lo que se pudiera, se quería estar a tono con los nuevos aires.

La muerte de Stalin, en 1953, había posicionado en la cima del soviet supremo a Nikita Kruschev, un incondicional del antiguo régimen que, sin embargo, comenzaba un proceso de reformas. También la revolución cubana, como adelantáramos, y los procesos independentistas en el África sumaban novedades a ese extraño "mundo nuevo".

Desde Italia, con las cámaras al hombro, filmando entre las calles mugrosas y el barro, artistas como Federico Fellini, Michelangelo Antonioni o Vittorio de Sica, con su *neorrealismo*, enterraban sin misericordia el glamour de las largas escaleras de mármol blanco, las rosas te para el desayuno y los finales con perdices del despampanante Hollywood de los años 40 y comienzos de los 50. Aunque esta industria continuaría creciendo e imponiéndose, las mentes pensantes comenzaron a ver que había otros modos de emprender los hechos artísticos y culturales, más cercanos a la realidad, más transformadores. Así lo expresó Wole Soyinka, el Premio Nobel de Literatura de 1986:

"Cuando vi 'La Strada', hace ya treinta y cinco años, era estudiante de la Universidad de Leeds, situada en el norte de Inglaterra. Desde entonces la he visto quizás tres o cuatro veces... En todas ellas, me he encontrado inmerso en una realidad que me es familiar. No, esta sensación no es producto de haber visto la película muchas veces, simplemente me identifico con el pequeño pueblo que, negando sus valores, se somete a su propia muerte como colectividad y a la pérdida del espíritu comunitario, doblegándose ante una mundanería de oropel, y que, seducido por un refinamiento superficial, persigue ante todo la supervivencia económica, sin importarle el precio que ha de pagar por ello".

Efectivamente, al analizar la película de Fellini, Soyinka da cuenta de ese nuevo manojo de valores que –aún sin adquirir una forma precisa y reconocible–, comenzaba a imponerse en la generación de post guerra. Cuarenta millones de muertos y ciudades casi barridas de la faz de la tierra habían puesto ante los ojos de esta generación preguntas acuciantes.

El electorado norteamericano sabía que algo pasaba, y quería delegar el manejo de ese algo en alguien joven pero que le ofreciera la tranquilidad de las viejas raíces. Aunque, honesto es decirlo, ese cambio no era compartido por todas las sociedades, sino por aquellas que podían gozar de al menos un atisbo de libertad y de capacidad de elección. Para otras, las dormidas, era mejor el consuelo del sueño y de un mundo perfecto e inamovible. Así, casi con angustia, y como contrapartida de lo que se venía, la cineasta Pilar Miró escribió, a propósito del cine de los 50:

"La década de los cincuenta, imagino que, para muchos de mi generación, marcada por una posguerra ya asumida por nuestros mayores, y unos silencios, terrores y misterios que jamás nos explicaron, fue una gran década para el cine de Hollywood. El cine que nosotros veíamos, el que nos dejaba soñar con historias tan imposibles de protagonizar, tan alejadas de nuestra realidad, que nos apoderamos de ellas hasta el punto de pensar, ahora, que conformaron nuestro modo de ser y, desde luego, nuestra capacidad de sobrevivir".

La guerra no solamente había dejado muerte, destrucción y desconsuelo; había probado que el mundo era bastante más inseguro de lo que muchos imaginaban y que, más allá de las ansias de dominación territorial del nazismo, una industria sumamente lucrativa se había instalado para siempre en el núcleo mismo del capitalismo: la de la producción de armas. La gente debía matarse entre sí para que el negocio floreciera. Pero aquello que en el pasado parecía un inexorable dato de la realidad contra el que el hombre poco podía hacer, de pronto se transformó en un flagelo al que se debía combatir con todos los medios posibles. "Hagamos el amor y no la guerra", sería la consigna y la bandera de un movimiento juvenil contracultural que asomaba en casi todo el mundo, poco tiempo después de que JFK se hiciera cargo del timón en los Estados Unidos.

En ese clima de amaneceres prometidos y de resistencia al cambio, dos seres de orígenes diversos habrían de encontrarse.

Príncipe y mendiga

Cuando, hacia mediados de 1955, el rutilante senador por Massachusetts conoció a la desenfada rubia que ya había protagonizado "La comezón del séptimo año" (en su título original: "The Seven Year Itch"), en la que el viento alza juguetonamente su vestido blanco por los aires, no existía entre ellos más que una fuerte e incontrolable atracción física. Marilyn era el producto de la providencia, del desamparo y de las peores enseñanzas de la calle. John, el resultado de una cuidadosa planificación sostenida por una montaña de dólares. Choate, Princenton, Harvard, la School of Economics, junto con varias estadías en Europa, constituían la contracara del orfanato y la felación frente a una cámara cinematográfica.

Uno era príncipe no sólo por el dinero y la elevada posición social, sino por el afecto que le rodeara desde siempre. En eso, la otra era, y sería para siempre, una mendiga.

A golpes de dolor y soledad, Marilyn se había construido a sí misma. John era obra de la perseverancia y la fortuna familiar. Un rápido pincelazo de André Kaspi da cuenta del trabajo hecho sobre una materia prima poco prometedora:

"La juventud de John Kennedy es un tanto decepcionante. No hay resultados escolares y universitarios que susciten la admiración y permitan presentar al futuro gran hombre. Kennedy es un alumno mediocre, que apenas se interesa por los estudios. Durante largo tiempo se ha comportado en la universidad como si se tratara de aprender las diversas tácticas del fútbol o los secretos de la natación de competición, en lugar de los rudimentos de economía o de ciencias políticas".

Agrega Kaspi que, al abandonar Choate, una escuela de gran renombre que prepara para el ingreso a la universidad y a la que asisten los hijos de las familias más notables y poderosas de la sociedad norteamericana, Jack tampoco deslumbró, en lo absoluto:

"El examen de salida lo sitúa en el 74º lugar, entre 112 candidatos. Su madre considera que es una posición *relativamente satisfactoria*".

Marilyn, en cambio, con una instrucción apenas rudimentaria, una madre con esquizofrenia paranoide y un padre desconocido, no había conocido más que la precariedad económica durante muchos años. La niña que se había bañado en el agua usada por toda una familia antes, conocía el valor de cada dólar. Con apenas veintidós años de edad, ya era la protagonista en "Las chicas del Coro" ("Ladies of de Chorus"), se ganaba su pan y sabía cuál era la debilidad de los hombres y qué demandaban de ella.

En 1955, cuando Jack y Marilyn se vieron por primera vez, para la "joya" de la familia Kennedy existían urgencias muy diferentes de la excitación sexual que aquella muchacha le producía. John tenía aún demasiadas tareas pendientes si aspiraba a cumplir con el mandato paterno y dirigir los destinos de la Nación.

John había llegado a ser senador por Massachusett en 1952, derrotando nada menos que a Henry Cabot Lodge Jr., hombre que ocupaba el cargo desde 1936 y que, por si fuera poco, acababa de convencer al mítico general Eisenhower para ser el candidato republicano a la presidencia.

El joven Kennedy era por entonces representante de Boston, cargo que hubiera revalidado sin exigirse. Pero saltar al Senado suponía proyectarse como político a nivel nacional y, eventualmente, estar en condiciones de discutir entre los demócratas una pre-candidatura presidencial.

Merced a más de tres años de recorrer el estado casi de punta a punta, y de una inversión económica de la familia casi sin precedentes, Jack había logrado su sillón en el Senado y no estaba dispuesto a correr riesgos.

Una vez más, André Kaspi retrata el esfuerzo financiero para aquella epopeya, que era el preámbulo de grandes cosas:

"La legislación de Massachusetts prohíbe las contribuciones superiores a los 1.000 dólares. Para sortear la ley, se crean múltiples comités de sostenimiento...

"Cada miembro de la familia entrega 1.000 dólares a cada uno de esos comités. No basta. Se acude a testaferros. De esta forma se le pueden entregar a John 70.000 dólares, a los que se añaden otros 200.000 provenientes de distintas contribuciones. Con todo ese dinero se compran preciosos minutos en la radio y en la televisión... Kennedy se ha ocupado de hacer imprimir, para los electores judíos, calendarios que distribuye al acercarse el Nuevo Año israelita, en el mes de septiembre".

La familia había gastado cerca de medio millón de dólares para ungir a su "joya", pero había valido la pena.

Aquel año de 1955, Kennedy se hallaba envuelto en una controversia que dividiría a toda la clase política norteamericana: el macartismo. En diciembre del año anterior, finalmente, la cámara de senadores había censurado a McCarthy, sin el voto de JFK que se hallaba convaleciente en un hospital. Su maltrecha espalda lo había librado de un dilema difícil de resolver.

John Kennedy no aceptaba ciertas formas que adoptaba la "caza de brujas", pero creía en ella. Su hermano Robert, primero, y luego él mismo, habían formado parte del consejo jurídico de la comisión presidida por el temible senador por Wisconsin. Más aún, los propios electores de Jack apoyaban los métodos de "limpieza ideológica". Católicos en su mayoría, le temían mucho al comunismo. No eran, entonces, tiempos favorables para andar liado a faldas.

Amores y decepciones

Tampoco para Marilyn Monroe eran tiempos de vino y rosas. Recientemente separada del famoso beisbolista Joe Di Maggio y envuelta en encuentros sexuales a los que sólo la droga volvía soportables, ese año, la Fox la demandó por

45

incumplimiento de contrato, harta de soportar la proverbial indisciplina de Marilyn.

En cuanto al placer, cabe recordar la expresión de Norman Mailer, quien dijo que Marilyn era "un Stradivarius del sexo". Claro que una cosa era para los otros y otra para ella misma, quien sufriría de anorgasmia durante mucho tiempo, según la reciente infidencia de un policía que había tenido acceso a las confesiones de la diva a su psiquiatra.

Hasta ese momento, la sex symbol de la época no había podido enamorarse tan seriamente como para abandonar el desenfreno que, acaso, la alejaba de los fantasmas que la perseguían desde la niñez: Marilyn vivía con terror la posibilidad de haber heredado la patología psicológica de su madre.

Citada por Wolfe, Marilyn narra momentos de su infancia en los que el tema de la locura hereditaria de Norma Jeane era conversación de todas las noches entre Grace –que pretendía adoptar a la pequeña– y sus amigas:

"Podía oír a sus amigas discutiendo por la noche, mientras yo fingía dormir. Le aconsejaban que no me adoptara debido a que seguramente sería una responsabilidad mayor al crecer. Esto era debido a mi 'herencia', le decían. Hablaban de mi madre y de su padre, de mi hermano y mi abuela, todos 'casos mentales', y decían que yo seguramente les seguiría los pasos. En la cama, yo temblaba cuando oía esto. No sabía qué quería decir 'casos mentales', pero sabía que no era nada bueno...".

Para 1955 Marilyn ya había tenido tres matrimonios. Se había divorciado de Jim Dougherty en 1946. Había estado casada por sólo un fin de semana con el guionista Robert Slatze. A los veintiocho años había contraído enlace con el famoso beisbolista Joe Di Maggio, quien la había conocido en 1952 y la había perseguido durante un largo tiempo, cortejándola, incansable, con flores y muchas otras atenciones.

Este último parecía un matrimonio ideal y llenó las páginas de la prensa. Pero Joe, que había dejado a su esposa para asumir el matrimonio con Marilyn, la quería como ella no era. El beisbolista era en el fondo un hombre simple que esperaba cosas simples. Aguardaba una mujer que estuviera siempre presente en las horas previas a la cena, que la preparase y le aguardara dispuesta. No soportaba sus insinuantes vestidos, no la acompañaba a los estrenos y le hacía terribles escenas de celos. Además, le pegaba. Se habían casado en enero de 1954. Nueve meses después, en octubre de ese año, sobrevino el previsible divorcio. Ella lo anunció frente a azorados periodistas que la vieron desmejorada y con evidentes huellas de golpes. No obstante, volverían a verse a lo largo de la vida, y hasta a sostener una amistad.

Pero para la fecha que nos interesa, Dougherty había sido para ella apenas un instrumento para estabilizar su vida; el guionista Robert Slatze, sólo un buen amigo y el producto de una noche de juerga; con Joe Di Maggio, había jugado un rol preponderante la necesidad que tenía la diva de ser amada. Pero eran de distinta especie. Dice Donald Wolfe:

"Di Maggio aborrecía la fanfarria de Hollywood y la manera en que Marilyn hacía alarde de sus 'vibraciones sexuales'. Celoso de cualquier rival que acapara la atención de Marilyn, hervía de rabia debajo de su imagen de fuerte y silencioso héroe, leyenda del béisbol estadounidense.[...] Natasha Lytess dijo que durante todos esos meses de 1952 y 1953 Marilyn solía llamarla, a veces de noche, llorando, y se quejaba de la forma en que él la maltrataba".

Infeliz y sospechada

En el interín hasta 1956 en que se casó con Arthur Miller, Marilyn tuvo un tórrido romance con Elia Kazan, el cineasta griego que se había alzado con su segundo Oscar por "Un tranvía llamado deseo", film que habría de inmortalizarlo. Pero Kazan también habría de quedar en el recuerdo de muchos y no precisamente por la calidad de su cine. El día en que le tocó testimoniar en la comisión presidida por McCarthy, denunció a sus antiguos camaradas del Partido Comunista. El macartismo que envolvía a los Kennedy parecía atravesar sutilmente la vida de Marilyn, y lo seguiría haciendo aún más adelante.

Ya por esos años, John Edgar Hoover, el mítico director del FBI, había posado sus ojos sobre la bella platinada de Nueva York. Amistades demasiado identificadas con el comunismo, vida desenfrenada y adicción a los barbitúricos, eran algunos de los pecados que Hoover le endilgaba. La cuestión difícilmente hubiese superado el umbral de un módico control por parte de la Oficina Federal de Investigaciones, si John Fitzgerald Kennedy no hubiese posado los ojos sobre ella.

Hoover, acérrimo anticomunista, racista y antisemita, se mantuvo al frente del FBI hasta su muerte, no por los servicios que le prestaba al Estado, sino por el temor que le tenían los propios presidentes para los que trabajaba. Su detallada información acerca de preferencias sexuales, amistades, vicios y debilidades de cuanto político pisaba Washington, lo convertían en un enemigo temible para quienes conducían el poder en los Estados Unidos.

Ese fue el enemigo que, sin saberlo, aquel año de mitad de década se echó encima Marilyn Monroe. Desde luego, su *affaire* con Elia Kazan y su posterior matrimonio con Arthur Miller, completaron la roja pintura que creía ver el jefe de los espías.

Elecciones

Si sobre algo hay dudas, no es precisamente sobre si existió una tórrida pasión entre John Kennedy y Marilyn. Menos aún sobre si ella lo amó con el alma, además de haberle entregado su preciado cuerpo y muchas de sus afanosas noches de nostalgia, espera e insomnio. Es sobre los hechos más lúgubres de esta historia donde hubo velos de silencio forzado, de ocultamiento, de presiones y temor. Pero si aún debemos ir dando rodeos y saltos en el tiempo, adelantemos algo de esa relación que aún sigue suscitando conjeturas y polémicas.

La diva le contó una vez a Bob Slatzer que durante el verano de 1954, en una fiesta (tal vez en la casa de Charles Feldman), la había amedrentado la insistente mirada del ascendente John Kennedy. Pero también le aseguró que entre ellos no consintió un acercamiento real mientras estuvo casada. Otros señalan ese primer encuentro en el año 1955. Con ser un político encumbrado, él no era aún presidente de los Estados Unidos, pero ya era el esposo modelo que había contraído enlace en septiembre de 1953. La relación debía por lo tanto revestir un prudente velo de reserva.

Pero debemos ir por partes y seguir el itinerario de ambos, sus relaciones y situaciones particulares, para comprender por qué un romance oculto como tantos, se convertiría en un amor doloroso y en una tragedia de a dos, por la que muchos siguen reclamando claridad y justicia.

Poco después del primer encuentro personal, tanto John cuanto Marilyn vivirán experiencias que habrían de marcar el destino de ambos.

En agosto de 1956, en Chicago, se llevó a cabo la convención del Partido Demócrata que habría de definir la fórmula que en las elecciones presidenciales de ese año, procuraría cerrarle el paso a la reelección de Dwight Eisenhower.

El primer puesto en la fórmula demócrata estaba definido, sería el verborrágico gobernador de Illinois, Adlai Stevenson, quien ya había sido derrotado por el mítico general en 1952. Quedaba sólo decidir al compañero de fórmula, y Jack se disponía a dar batalla.

Es difícil pensar que el siempre bien informado Joseph Kennedy ignorase que las posibilidades de triunfo de los demócratas eran casi inexistentes, fuera quien fuese el compañero de Stevenson; y es imposible creer que el viejo Joe no hubiese analizado esto con John. Sin embargo, la razón que movía al joven senador por Massachusetts para disputar la candidatura a la vicepresidencia con Estes Kefauver era muy otra que la de alcanzar, efectivamente, el triunfo demócrata.

John calculaba que la contienda le daría el escenario apropiado para instalarse definitivamente en la consideración nacional, y la posibilidad de producir un gesto teatral que agregase más pergaminos a su carrera.

Durante su larga internación de 1954, en la que se le practicó una compleja operación para fusionarle dos vértebras y evitar que acabase en una silla de ruedas para siempre, Kennedy había escrito su segundo libro (el primero había sido su tesis doctoral), *Profiles in Courage*, algo así como *Perfiles de hombres de coraje*. La obra, que acabó siendo un éxito de ventas, giraba en torno del concepto de que, con independencia de la filiación partidaria, en el estadista deben privar la mesura, la racionalidad y el compromiso con el bien común. Y si este compromiso requería de la adopción de medidas impopulares, el pueblo habría de saber comprenderlo. Así, las internas demócratas podían ser una excelente vidriera en la que él mostrase que era, precisamente, "un hombre de coraje".

En la primera ronda John perdió con Kefauver por 180 votos. En la segunda, se impuso por 67. En la tercera, al enterarse que los estados del medio oeste y de las Rocosas habían decidido darle la espalda, abandonó el hotel en el que estaba alojado siguiendo por televisión el debate, llegó hasta el salón en que se desarrollaba la convención, y pidió que su oponente fuera elegido para completar la fórmula, desistiendo él de la postulación.

El golpe de efecto resultó magistral. Todo el país vio a un joven y carismático senador produciendo un gesto de generosidad poco habitual para la política norteamericana. En ese momento había comenzado a preparar su próxima candidatura presidencial.

Como era previsible, la fórmula Stevenson-Kefauver cayó derrotada ante el binomio Eisenhower-Nixon. Los republicanos ganaban la reelección, pero perdían, para el siguiente turno, a su carta más poderosa, el veterano y prestigioso Dwight Eisenhower.

Citada por Kaspi, la madre de John reveló en sus memorias lo que éste dijo un año más tarde de aquella elección:

"Joe era la estrella de nuestra familia. Todo lo hacía mejor que los demás. De haber vivido se habría metido en la vida política; habría sido elegido para la Cámara de representantes y para el Senado, igual que yo. Y, como yo, habría intentado obtener la investidura para la vicepresidencia en la convención de 1956. Pero, contrariamente a lo que a mí me ha sucedido, él no habría sido derrotado. Y entonces Stenvenson y él habrían sido batidos por Eisenhower y hoy la carrera política de Joe estaría arruinada".

Dos meses antes de la Convención Demócrata de Chicago, Marilyn Monroe hacía otra tipo de elección y se casaba con Arthur Miller, el prolífico autor de "La muerte de un viajante", "Panorama desde el puente" y "Las brujas de Salem", entre otras obras teatrales.

El intelectual y la diva

La bella rubia de "Luces de candilejas" estaba subyugada con Miller a quien sólo conocía de vista, pero era ignorada por el dramaturgo. Casado, con dos hijos, respetado por sus pares, miembro del Partido Comunista, Miller tenía otras preocupaciones que la de posar su vista en una muchacha de veintinueve años que andaba de lecho en lecho, sustituyendo sexo por amor, ebria con frecuencia, y adicta a las pastillas para dormir y para mantenerse despierta.

Sin embargo, en el curso de una fiesta a la que concurrieron ambos, Marilyn se le acercó y, con desparpajo inició una conversación que se prolongaría por horas. La "rubia hueca" no lo era tanto y, ya como actriz, empezaba a mostrar los frutos de la mano de Lee Strasberg, el director del *Actor's Studio* de Nueva York, con quien había comenzado a estudiar dos años antes.

Strasberg, por entonces, dictaba sus clases en un departamento no muy grande, con poca luz y al que había que ascender por escaleras. Era sin dudas, una suerte de "faro" para actores y actrices que llegaban hasta él hipnotizados por el halo de genio que lo envolvía. Jamás había dirigido obra de teatro ni película alguna, pero personajes como Paul Newman, Ben Gazzara, James Dean o Dustin Hoffman, ascendían las escaleras que conducía al departamento de Lee como quien asciende las escalinatas de un templo. Strasberg, empero, apenas ganaba lo suficiente como para vivir con modesta dignidad.

Todo cambió con la llegada de Marilyn. La diva estaba fascinada con su maestro, y Lee pensaba que la rubia erótica tenía condiciones **superlativas** para la actuación. También, podía ser una fuente inagotable de recursos. A los efectos de recaudar fondos para sostener al *Actor's Studio*, Strasberg organizaba cada año algún tipo de evento a beneficio, que le permitía recoger dólares extras.

Sin embargo, hacia mediados de 1955, el *Actor's Studio*, presentó en Nueva York el estreno mundial de "Al este del paraíso", uno de los filmes consagratorios de James Dean. La atracción del estreno, más que la película en sí, era que la glamorosa y ya consagrada y taquillera Marilyn Monroe sería la acomodadora en el cine que exhibía el film. Las entradas se agotaron en pocas horas, y los revendedores que habían olfateado el éxito, multiplicaron por tres y por cuatro lo que habían pagado por cada localidad. El ascenso económico de Lee Strasberg, estaba a punto de comenzar. Y su notoria alumna era la que ahora se animaba a abordar al dramaturgo.

En aquella fiesta, Miller no pudo resistirse a los encantos de Marilyn, y esa misma noche comenzaron una relación que se extendería a lo largo de cuatro años.

Ella creyó que finalmente había llegado el hombre que le daría amor, contención y una familia. Por eso se cargó de paciencia esperando que el lento trámite de divorcio del dramaturgo les permitiese por fin casarse.

Sin embargo, no era sólo la edad lo que marcaba una diferencia entre ambos. Arthur Miller era un intelectual y un militante político al que no eran las fiestas y las luces del set lo que lo convocaban. Y una vez casados, él se encerraba a escribir mientras ella se encerraba a llorar reclamando atención.

Hacia 1960, George Cukor convocó a Marilyn y al francés Yves Montand para filmar "El multimillonario". Las ya frecuentes controversias con Miller, la insaciable necesidad de ser atendida y mimada, tanto como su flexible concepto de la fidelidad, empujaron a la Monroe a tener un febril romance con su compañero Yves Montand, casado con Simone Signoret.

La aventura, que debió ser considerada como pasajera por los amantes, se fue de las manos cuando la prensa se enteró de lo que ocurría y se cebó en el escándalo.

El final fue el previsible, si de Marilyn Monroe se trataba: Arthur Miller pidió el divorcio y no quiso volver a verla. El matrimonio había durado menos de cinco años. La diva entró en un tobogán depresivo, con un par de intentos de suicidio en el camino.

Miller había escrito para Marilyn "Los inadaptados", película que se entrenó en 1961, dirigida por John Huston. Fue la última que habría de filmar Marilyn Monroe, y allí también algo particular habría de sucederle.

Píldoras y entusiasmos pasajeros

En aquella, su última película, sus compañeros de elenco Clark Gable y Montgomery Cliff, tampoco volverían a estar en un set de filmación nunca más. Años más tarde, Kay Spreckles, esposa por entonces de Gable, aseguró que su marido había muerto producto de la tensión y la angustia que le había producido trabajar junto a Marilyn. Ella, al saber de este comentario diría: "¿Cómo yo habría de matar a mi propio padre?".

Lo cierto es que Gable había discutido mucho con John Huston, pues por contrato el actor podía sugerir modificaciones al guión.

De acuerdo con las declaraciones de Spreckles, la diva platinada era absolutamente irresponsable a la hora del trabajo; faltaba, llegaba tarde, o lisa y llanamente concurría al set en un estado tan deplorable que era menester suspender la filmación. Esto no estaba muy alejado de la realidad.

Marilyn estaba consumiendo, según recordaría Huston más tarde, alrededor de 20 Nembutal por día, a menudo ingeridos con vodka o champagne, lo que conformaba una mezcla explosiva. En 1960 debió ser internada en el Westside Hospital, de Los Ángeles, para que le practicaran un lavaje de estómago. Había tomado demasiados sedantes, y eso se parecía más a un intento de suicidio que a una negligencia. Ya entonces comenzó a atenderla el doctor Ralph Greenson, a quien le haría confesiones que tras su muerte, serían claves para entender parte de su drama final, aunque no sería el médico quien revelaría sus secretos sino un policía que había tenido acceso a sus archivos.

Lo cierto es que luego de esa internación, volvió a su apartamento en Nueva York, donde una tarde estuvo a punto de arrojarse al vacío. Luego, según cuenta uno de sus biógrafos, Jonio González, le confesaría a un amigo:

"Cerré los ojos. No quería pensar en nada. Había leído que los suicidas que se lanzan desde muy alto pierden el sentido antes de estrellarse contra el suelo. Recé para que así fuera. Iba a saltar cuando vi que pasaba gente por la calle. No pude hacerlo. Estaba segura de que caería sobre ella. Me retiré de la ventana sintiéndome terriblemente impotente".

A esa altura, la cabeza de la diva era un hervidero de barbitúricos, desencanto y soledad. Tal vez la viuda de Clark Gable la había inculpado motivada por los celos. Marilyn, a su vez, tuvo una suerte de fascinación momentánea y muy particular con el actor. Llegó a decir respecto de él:

"Clark era muy bueno conmigo y yo no lo merecía. Estaba teniendo problemas con Arthur, me sentía mal y debido a ello, retrasaba el rodaje. Clark me protegió. Houston se enojaba conmigo. En las escenas de amor, yo lo besaba con muchísimo cariño. No me quería ir a la cama con él, pero quería que él supiera lo mucho que yo lo apreciaba. Cuando regresaba al rodaje tras un día de descanso, él me dio una palmada en el trasero y me dijo que si no me portaba bien, me daría una buena zurra. Lo miré a los ojos: 'No me tientes', le dije. Entonces él rió tan fuerte que le brotaban lágrimas de los ojos. Yo quería que fuera mi padre. No me hubiera importado que me pegara con tal de que después me pidiera perdón y me abrazara asegurando que yo era la nena de papá y que él me amaba...".

Tiempo después de su divorcio con Marilyn, y a propósito del romance con Yves Montand, Arthur Miller definió a la diva como alguien que, de un instante para otro, se encandilaba con alguna persona y que, a partir de allí, ese alguien, extraño hasta un día antes, se transformaba en lo más importante de la vida.

Ocurría, entonces, que cuando ella salía de esa suerte de hipnotismo, y comenzaba a ver a la persona real, de carne y hueso, con todos los defectos de cualquier ser humano, se desencantaba, se desilusionaba, y se desmoronaba emocionalmente.

¿Qué era ello sino una desesperante necesidad de ser amada? Ese acuciante deseo tomaba carne en una determinada persona, que no era perfecta como el ideal dador de afecto que demandaba, y de nuevo saltaba a otro objeto. Con la única excepción, tal vez, de John, a quien amó con cierta dosis de ingenuidad, hasta ganarse la muerte.

Un divorcio doloroso

La separación de Arthur Miller fue un golpe difícil de superar para Marilyn. A pesar de los alejamientos propios de su profesión, el veterano dramaturgo había sido no sólo un esposo, sino también un padre para ella, figura que a la actriz le era evidentemente querida y necesaria. De hecho, los cada vez más acentuados conflictos psicológicos de Marilyn habían sido los disparadores de su conducta, por lo menos, poco apropiada. Miller era ya un intelectual reconocido y respetado al conocerla, tenía una exitosa carrera como dramaturgo y no la había acosado precisamente. Exigirle que viviera en función de su joven esposa sonaba injusto, si no desproporcionado.

Arthur Miller era un hombre hecho e íntegro; hubiese sido ese remanso que ella tanto necesitaba; le hubiese dado efectivamente una familia, tal cual lo hizo con Inge Morath, la fotógrafa con la que se casó en 1962. Con ella tuvo dos hijos y el matrimonio se estiró por cuarenta años, hasta el 2002 en que Inge murió.

Tampoco para el dramaturgo el divorcio fue sencillo. Maggi, el autodestructivo personaje de "Después de la caída" en la obra que Miller escribe en 1964, es esa Marilyn Monroe con la que había vivido durante cuatro años.

La diosa de "Una Eva y dos Adanes" se había mostrado absolutamente incapaz de derrotar a su pasado y a los fantasmas que venían con él. Internada en Payne, una clínica psiquiátrica neoyorquina, en razón de una profunda crisis depresiva, Marilyn sintió que había quemado la última posibilidad en su vida de tener una pareja estable y normal. Tenía ya treinta y cuatro años y, para la época, eso era el preámbulo del fin de la juventud, al menos, cinematográficamente hablando.

Años más tarde, y con la luz que suele dar la distancia, Marilyn diría de Arthur Miller:

"Casarme con él fue mi error, no el suyo. Él no podía darme la atención y el cariño que yo necesitaba. No está en su naturaleza. Nunca me tuvo por una mujer inteligente. Como pareja, en la cama, éramos regular. Él no estaba muy interesado, y yo debía hacer unas actuaciones excepcionales para que se interesara".

El año en que se separaron, John Fitzgerald Kennedy comenzaba su labor como presidente de los Estados Unidos.

Eran muchas las tareas que aguardaban al joven mandatario, pero, para Jack (o John, o el Señor Presidente), las mujeres seguían siendo una medicina de la que no podía prescindir.

La Mafia y los "rojos"

De a poco se irá entendiendo cómo un simple hecho de alcoba para John, y la expectativa de un gran amor para Marilyn, se transformaron en una cuestión de alta política, y cómo se fue armando una trama que sólo podía darse en los Estados Unidos de esos años, con la mafia, el FBI e incluso la CIA involucradas.

Se dice que aquel día en que John tuvo frente sí a Marilyn y la miró con insistencia, le pidió a su cuñado, Peter Lawford, el esposo de Pat Kennedy, que le presentase a la diva, pues había quedado encandilado con ella. Sin embargo, como se ha dicho, las urgencias de la política lo reclaman lejos del probable lecho de Marilyn. Además, su maltrecho cuerpo no le daba tregua. Según Kaspi:

"Sus glándulas suprarrenales funcionan mal [...]. De momento, ya no usa muletas, pero los sufrimientos dorsales persisten. Un médico observa que su pierna izquierda es 1,87 centímetros más corta que su pierna derecha, lo que acentúa las alteraciones del equilibrio. Un calzado ortopédico mejora la posición del cuerpo [...] sufre del estómago [...] oye mal por un oído y, en privado, tiene que usar gafas..."

Peter Lawford era amigo de Frank Sinatra, y ambos a su vez lo eran de Sam *Mooney* Giancana (también llamado Sam *the Cigar*, por su afición a los habanos), un reconocido hombre de la mafia al que también conocía el inefable padre, Joseph Kennedy. Ricardo Canaletti, pinta a este personaje con tan buenas conexiones en el mundo del cine y la política:

"A los quince años, en 1923, a Sam *Mooney* Giancana le gustaba pasearse por Chicago con alguna chica colgada del brazo. Llevaba un puñal en la cintura y un revólver en cada bolsillo del sobretodo negro. A esa edad, Sam Giancana se convirtió en el jefe de su familia y, además, en un asesino de la Mano Negra, una banda que en Chicago comandaba Joe Espósito. Por esos años escuchó por primera vez el nombre de Joseph *Joe* Kennedy [...]. La Banda Púrpura, un grupo violentísimo de la mafia judía de Detroit, quería matarlo porque no le había dado su parte en un negocio de contrabando de licor. Kennedy, desesperado, acudió a Espósito, que hizo una llamada y le salvó la vida".

A los veintiún años, Giancana se incorporó a la banda de Al Capone y participó en la Masacre de San Valentín. Al salir de la cárcel, y convertido en hombre fuerte de Chicago, se vinculó con los popes mafiosos de Nueva York: Lucky Luciano, Meyer Lansky y Frank Costello, tal cual consigna Canaletti:

"A propuesta de Lansky, invirtieron en Cuba. Pronto la isla se convirtió en la puerta de entrada de la droga. Hasta la CIA se asoció al negocio de la heroína y al blanqueo de las ganancias, que luego se usaban en sobornos políticos".

La llegada de la revolución cubana desbarató el negocio y Giancana estaba a punto de preparar un plan para derrocar a Castro, a pedido de la CIA, cuando el viejo Joe Kennedy le solicitó sus servicios para ayudar a que John llegase a la presidencia. Y *Mooney* puso a trabajar a sus muchachos.

Sin embargo, logrado el objetivo, ninguno de los Kennedy quiso volver a saber nada con él. Más aún, Robert, fiscal general del gobierno de su hermano, implementó un plan para combatir a la mafia. "No era algo que se le hace a los amigos", debió haber farfullado Giancana. Agrega Canaletti:

"Cosa Nostra se había interesado en JFK en muchos sentidos. Por medio de productores de cine como Joseph Shenck y figuras como el cantante Frank Sinatra, ligados a Giancana y al mafioso de Nueva York Carlo Gambino, los Kennedy disfrutaban de fiestas y reuniones en Hollywood y de la compañía de hermosas actrices".

Lawford habló con Sinatra para hacerle una cita a John con Marilyn. Sinatra aceptó la misión que, aquella vez, no se llevó a cabo. Pero años después, en 1961, la maquinaria volvió a ponerse en marcha. En octubre de ese año, en la casa que tenían Peter Lawford y Patricia, en Santa Mónica, se produjo el encuentro decisivo, aunque tal como veremos más adelante, había ya rumores sobre una relación de ellos dos desde por lo menos un año antes. Las razones pueden ser infidencias tanto del interesado, naturalmente comunicativo, como de los gestores de la reunión que no se había materializado en la ocasión anterior.

Desde luego, nada de todo esto se le escapaba al ojo siempre atento de J. Edgar Hoover, que como dijimos, seguía todo con interés. Tampoco le era ajeno que la diva tenía amigos íntimos de la talla de Frederick Vanderbilt Field (en cuya casa, en México, se alojó), multimillonario y supuesto agente de Moscú, y el guionista José Bolaños (con quien se acostaba ocasionalmente y a quien le habló por última vez antes del "suicidio"), también catalogado como comunista por el jefe del FBI. A ambos los había conocido en su viaje a México.

Su psiquiatra, Ralph Greenson, que sabía hasta los mínimos detalles de la vida de Marilyn también, a juicio de Hoover, simpatizaba con la Unión Soviética. Y si algo faltaba en ese cuadro que el jefe de los espías consideraba sombrío, era el legendario "diario rojo", un cuaderno en el que la platinada diva apuntaba prolijamente cada momento de su vida, cada conversación y cada situación que había escuchado o vivido.

Esto era una práctica que habitualmente recomendaban a sus pacientes los psiquiatras de la época, para luego comentar el contenido de las anotaciones en cada sesión. Sólo que en el caso de Marilyn, las implicancias políticas de esas anotaciones podrían ser de imprevisible magnitud.

Pese a sus ilusiones, la diva no constituía sin dudas el mejor partido para un presidente. Pero John Fitzgerald Kennedy no era hombre de escuchar consejos que frenaran sus asuntos de faldas o de aceptar negativas de sus cortejadas. Estaba encandilado con Marilyn Monroe, tenía la forma de llegar hasta ella, y sabía también la muchacha había quedado prendada desde la primera vez que se habían visto.

"El corazón tiene razones que la razón no entiende", decía Pascal. Para Marilyn, sobre todo, lo irracional tendría un precio muy alto.

Capítulo IV
Infierno y Paraíso

Se dice que Marilyn le preguntó a John al momento de despedirse de la fiesta que habían dado Pat Kennedy y su marido:
 –¿Quiere usted mi teléfono?
 El presidente habría respondido:
 –No hace falta. Yo puedo conocer el número telefónico de quien se me ocurra.
 Y se dice que luego, la diva se apoyó el dedo índice en los labios, y le arrojó un beso imperceptible, mientras John la veía irse envuelto en el halo de perfume que ella había dejado. El presidente debió haber recordado en ese momento la frase que una noche la Monroe le arrojó a la cara a un periodista:
 –¿Qué se pone usted para dormir?
 –Dos gotas de Chanel Nº 5 –había respondido Marilyn, ya por entonces más cómoda con su rol de producto erótico.
 –¿Nada más que eso?
 –Bueno, también pongo la radio.
 Pero la Marilyn que Jack tuvo frente a sí aquella noche en la casa de Santa Mónica, no era la misma del desenfado juguetón de entonces.

El infierno

A duras penas, la falsa rubia platino había podido recomponerse de una depresión que le hiciera pisar el infierno. Sola, en Payne, una clínica psiquiátrica, únicamente el bueno de Di Maggio se había ocupado de ella. Desde su encierro, según Wolfe, ella le había escrito al matrimonio Strasberg, buscando alivio y consuelo:

"Queridos Lee y Paula:
"La doctora Kris me ha puesto en un hospital al cuidado de unos médicos idiotas. Ninguno de ellos debería ser mi médico. Estoy encerrada con los pobres locos. Estoy segura de terminar loca también si sigo en esta pesadilla. Ayúdenme, por favor. Este es el último lugar donde debería estar. Los quiero a los dos. *Marilyn*.
"P.D. Estoy en el piso de los peligrosos. Es como una celda".

Cuando comenzó la relación con John estaba recompuesta, es cierto. Había comprado una casa también en Santa Mónica, y se disponía a filmar una nueva película, esta vez con Dean Martin, con quien deseaba trabajar desde hacía tiempo. Sin embargo, de la glamorosa rubia de cuya falda levantara el respiradero del metro poco quedaba.

Había tenido ya los dos intentos de suicidio antes narrados, y la citada y penosa internación en una clínica psiquiátrica, que habían dejado huellas demasiado hondas como para que su criterio de realidad permaneciese sólido. Pero vayamos por partes.

Es necesario hacer aquí una referencia a la relación de Monroe con la psiquiatría. Cuando estaba gozando de lo mejor de su carrera, y a la vez era sometida por presiones y los viejos dolores de una mala infancia, un maestro de actuación le aconsejó recurrir al psicoanálisis como modo ideal de catarsis. Ella tenía demasiados demonios que expulsar.

Desde febrero de 1955, Marilyn tomó sesiones primero con Margaret Honenberg, y después con la psiquiatra neoyorkina Marianne Kris, que es a la que alude en su carta a los Strasberg. Esta profesional fue quien le recetó los potentes barbitúricos que ella usó y de los que abusó hasta su muerte.

Su mal era trágico y sencillo a la vez. Necesitaba sentirse amada y protegida, y las elucubraciones del psicoanálisis solo la hacían "dar vuelta en círculos", como ella misma dijera quejándose:

"Siempre fue sobre cómo me sentía sobre esto, por qué yo pensaba que mi mamá hacia eso o lo otro. No dónde yo estaba yendo, sino donde había estado".

Los críticos de la acción de la psicología sobre la diva señalan que ella había actuado en 23 películas en los siete años previos a su experiencia psiquiátrica, y que sólo hizo otras 6 películas durante los siete años de tratamientos psiquiátricos.

Retomemos sus pasos previos al gran encuentro. En enero de 1961 ella había viajado a Ciudad Juárez, México, para tramitar y obtener el divorcio de Arthur Miller, quien ya tenía por entonces como pareja a Inge, la fotógrafa que lo acompañaría durante muchos años. Ese invierno fue muy cruento para ella. Se abandonó física y moralmente, llegando a un estado en el que el suicido, una vez más, parecía la única opción válida.

Por eso un grupo de amigos y la citada doctora Marianne Kris (quien, en un gesto de honestidad, reconocería esto posteriormente como un imperdonable error) decidieron internarla en la clínica Payne-Whitney, de Nueva York, sólo que sin avisarle que se trataba de una institución para enfermos mentales. Al respecto comenta Jonio González:

"Los mismos médicos que le habían recetado el arsenal de píldoras que consumía ('Deberían matarlos por eso', declaró John Huston), le preguntaban ahora, en una habitación con barrotes en las ventanas, por qué se sentía infeliz. 'He pagado fortunas para que lo averigüen, ¿y ahora me lo preguntan a mí?' 'Si me tratan como a una chiflada, me convertiré en una chiflada', le dirá, indignada, a Patricia Newcomb, su secretaria de prensa".

Joe Di Maggio acudió en su auxilio, e hizo que la trasladaran a un centro médico religioso para iniciar un proceso de desintoxicación de sedantes. Al salir del mismo, los flashes de los fotógrafos, enviados por los medios que se habían cebado en su internación preanunciando el estruendoso abismo de una celebridad, le devolvieron parte de una vitalidad falsa, pero que ella sabía libar y usar para su beneficio profesional. Bajo esas luces, volvió a ser una platinada fascinación, una tentadora fruta, cuyo carozo ocultaba años de dolor y desesperanza.

Un Ave Fénix sensual

Esa noche, frente a un Kennedy que sabía subyugar con la mirada y las palabras, Marilyn imaginó un futuro que poco tenía que ver con lo posible. Pero tampoco el presidente de los Estados Unidos pisaba la tierra, ni era capaz de anticipar las consecuencias que habría de acarrearle la aventura que estaba a punto de comenzar.

Casi todas las negras prevenciones de Hoover eran fundadas. Esa noche, también, momentáneamente resucitada, Marilyn Monroe demostró que pese a todos los intentos en contrario, no podía con su propia naturaleza. La fidelidad, para ella, era un producto para consumo ajeno. La desconocía, no le interesaba si el otro estaba casado, y también suponía que mientras ella amase a alguien, ese alguien no debía preocuparse por el hecho de que pudiese irse a la cama con otro hombre... o con una mujer.

Ignoraba, claro está, que dicha actitud era, precisamente, la que la había privado de obtener aquello que más anhelaba: que la amasen. Ocurrió con Joe Di Maggio y también con Arthur Miller. Y ahora, se disponía a repetir la experiencia.

Encerrada en la clínica psiquiátrica en donde inclusive debió ser controlada con un chaleco de fuerza, Marilyn recurrió al hombre que la había amado más profunda y desinteresadamente: Di Maggio.

El beisbolista seguía amando a la inconstante diva platinada. Habían vivido un final violento, es cierto, y la convivencia no había soportado más que nueve controvertidos meses, pero ni Joe dejó de amarla, ni Marilyn ignoraba cuanta responsabilidad tenía ella en el desbarranque matrimonial. Pero por ello no sentía que debía brindarle a aquel hombre una actitud distinta a la que le daba.

Una vez rescatada, gozaba de su nueva casa de Santa Mónica, una residencia de 700 metros cuadrados, con piscina, un exuberante jardín, garaje y casa de huéspedes. Tenía tejas rojas y paredes blancas, al estilo español, y estaba ubicada en el 12305 de Fifth Helena Drive.

Había sido convocada para volver a filmar, y nada menos que con Dean Martin. Sin mucho convencimiento de ella, Marilyn y Joe barajaron la posibilidad de volver a intentar la relación. Acaso no era el rudo beisbolista el hombre que más la apasionaba, pero era, sí, quien siempre acudía a su rescate. Tosco y celoso, pero ángel guardián al fin. También, por esos meses, ella había podido controlar el alcohol y los somníferos.

Dos naturalezas irrefrenables

En ese camino andaba Marilyn el día en que recibió la invitación de Peter Lawford. No desconocía, claro, que en la reunión habría de encontrarse con el "Señor Presidente" (tal como susurraría frente al micrófono del Madison Square Garden el día del cumpleaños de Kennedy), y que la invitación de Lawford nada tenía de inocente. Sin embargo aceptó, y luego en la fiesta jugó el papel para el que había sido convocada.

¿Por qué no rechazó el convite si había un plan de reconciliación con Joe? Ese era el interrogante que chocaba con el poder incontrolable de su propia naturaleza.

¿Por qué John fue a la conquista de la diva pese a que Hoover le había advertido una y mil veces que la muchacha era inestable emocionalmente, que ya aspiraba cocaína, que tomaba pastillas para dormir y para mantenerse en pie, que narraba todas y cada una de sus experiencias amorosas a su psiquiatra, que llevaba un prolijo diario, y que era amiga de conocidos comunistas, e incluso dormía con alguno de ellos?

La respuesta puede ser la misma que para Marilyn: en el terreno sexual, John Fitzgerald Kennedy tampoco podía con su propia naturaleza. La relación, entonces, no debía más que correr por caminos turbulentos, apasionados y dramáticos. Marilyn admiraba profundamente a Kennedy en tanto político. Creía en él como otros varios millones de norteamericanos, y como ellos, suponía que John encarnaba el cambio de época que se estaba viviendo. Sus consignas electorales a favor de los más desprotegidos, de la salud, la educación y los derechos civiles de los negros, no pudieron menos que calar en el alma de quien había crecido sin hogar, había sido violada a los nueve años de edad, y había probado el amargo sabor de las calles neoyorquinas cambiando sexo por comida.

Jack, por su parte, también admiraba a esa diva que se había construido a sí misma desde la nada llegando a convertirse en la mayor *sex symbol* de su época. También, a juicio de John, Marilyn demostraba mejor que nadie aquello de que Estados Unidos era el gran país de las oportunidades, concepto sobre el que él había insistido a los largo de toda su campaña presidencial: una pobre huérfana, erigida en la mujer más amada del planeta.

La mesa estaba servida, y ellos no eran para nada medidos. John Fitzgerald Kennedy y Marilyn Monroe se preparaban para comenzar uno de los romances más llamativos y controversiales del siglo XX.

Moral de familia

El hombre subyugado por la curvilínea actriz había ganado la primera magistratura de modo no tan contundente. Sobre un total de 68.830.855 votos, se había impuesto a Nixon por magros 112.803 sufragios, cifra que no solamente hablaba de lo reñido de la elección, sino de la fragilidad de la mayoría demócrata en el Parlamento, que no había podido superar sus registros históricos.

En lo que a dinero respecta, entre ambos partidos se habían gastado alrededor de 28 millones de dólares y, en ambos casos, las distintas organizaciones mafiosas habían trabajo para un candidato u otro. Así, el nuevo inquilino de la Casa Blanca, tenía varios dilemas a resolver casi al mismo tiempo. La "joya" de la familia Kennedy se sentaba en el salón oval a partir, entre otras cosas, de frases como esta:

"Estamos hoy al borde de una nueva frontera, la frontera de los 60, una frontera de posibilidades desconocidas y de peligros desconocidos, una frontera de esperanzas y amenazas no realizadas".

Dicho de otro modo, John se erigía, efectivamente, como el mejor intérprete de ese nuevo tiempo. La Nueva Frontera que habría de ser su argumento central de la campaña, hablaba de nuevas maneras de entender al mundo y a la sociedad. Empero, pocas diferencias esenciales existían entre Kennedy y Nixon. Con lucidez, señala André Kaspi:

"¿Un programa radical? No, se trata de un programa liberal, sin excesos ni innovaciones revolucionarias. Kennedy no propone, en absoluto, que, una vez elegido, transformará profundamente la sociedad de Estados Unidos. Ni siquiera es un programa muy diferente al de Nixon. Los dos hombres se oponen mucho en la forma, pero poco en el fondo".

John Fitzgerald Kennedy no era, entonces, aquel paladín de la transformación y el cambio que imaginaba Marilyn. Lo idealizaba, sí, al igual que varios millones de estadounidenses.

Otra cuestión que había recorrido casi en términos de ferocidad la campaña electoral, era la condición de católico de Jack. Republicanos y demócratas protestantes argumentaban que, por sus características y aún por sus declaraciones públicas, el Vaticano habría de intervenir en las cuestiones de Estado; algo que para el norteamericano medio se parece mucho a una aberración. John negó en todo momento que aquello fuese a ocurrir, pero resultaba bastante obvio que, al menos en el terreno de la vida privada, un cierto catolicismo cerrado regía las decisiones de los Kennedy.

Otro elemento que aquella noche de encuentro Marilyn desconocía.

Si bien es cierto que Joseph procuró siempre impartirles a sus hijos varones una enseñanza laica, también es verdad que lo que el viejo Joe valoraba de ella eran las posibilidades que abrían en el terreno de la política y los negocios.

Rose Fitzgerald, una mujer sumamente devota y de carácter inflexible había educado a sus hijos en la más estricta observancia religiosa. Kaspi señala que para los Kennedy, la asistencia a misa los domingos, el respeto al Viernes santo, las acciones de gracias antes de la comidas, y, los domingos a la noche, el debate familiar sobre el sermón que había dado el sacerdote, o sobre algún pasaje bíblico, eran insoslayables. No casualmente, Robert en especial pero también alguna de sus hermanas, sus hijos estuvieron a punto de ingresar en la vida religiosa.

Dos anécdotas familiares pintan hasta qué punto la religión influyó en la vida de los Kennedy. Una de ellas cuenta que habiendo visitado Joe a John en la Casa Blanca y terminada la cena, padre e hijo se marcharon a sus respectivas habitaciones a dormir. Al entrar a su cuarto, Joe advirtió que había algo importante que no lo había dicho a su hijo y que, tal vez, a la mañana siguiente ya no se encontrarían, atareado como estaba Jack por las cuestiones de gobierno. Joe se encaminó, entonces, hacia la habitación de su hijo y, al abrir la puerta, vio a John arrodillado al borde la cama rezando su plegaria nocturna.

La otra historia es más bien cruel. Cuenta Kaspi que hacia la Segunda Guerra Mundial, Kathleen (Joe y Rose tuvieron siete hijos: Joe Jr., John, Rosemary, Kathleen, Eunice, Patricia y Robert. Joe Jr. murió en el transcurso de la guerra) vivía en Inglaterra. Allí conoció a William Hartington y se enamoró de él. El muchacho, sin embargo, pertenecía a las familias de los Cavendish y los Cecil, que habían sido férreos defensores de la fe anglicana, y un abuelo de William, en tiempos de Gladstone, había sido secretario de Estado irlandés y se había opuesto a cualquier tipo de autogobierno para Irlanda.

A su vez, el hermano del abuelo, ungido también secretario de Estado de la isla, había sido asesinado en 1882 por un patriota independentista. Kaspi acota:

"¡Imposible situación para Billy y Kathleen! Tanto más imposible, cuanto que las diferencias religiosas eran, al parecer, irreconciliables. La familia de Billy no quería, si la pareja tenía hijos, que fueran educados en la religión católica. La familia Kennedy no quería oír hablar siquiera de una conversión a la religión del invasor. El futuro cardenal Francis Spellman, por aquel entonces arzobispo de Nueva York, fue consultado y encargado de obtener la opinión de Roma. La respuesta no permitió ninguna duda ni esperanza. No se concederían los sacramentos a los jóvenes esposos si no se comprometían a educar a sus hijos en la fe católica".

Tamaño fundamentalismo en pleno siglo XX hubiese sonado absurdo para cualquier persona que no integrase el clan Kennedy. El penoso final de la historia es que ambos jóvenes se casaron de todos modos, en Inglaterra, pero sólo asistió a la boda Joe Jr., el hijo mayor de la familia Kennedy y, acaso, sólo porque se hallaba circunstancialmente en Gran Bretaña.

Así, los Kennedy se separaron. Objetivamente, perdieron a la hija y a la hermana más querida y mimada por toda la familia. Era, por entonces, 1944 y Jack estaba en perfectas condiciones de, al menos, poner en entredicho la decisión familiar. No lo hizo; y sea por extremo respeto a la autoridad paterna o porque él mismo estaba convencido de que ese era el camino apropiado, su actitud poco tenía que ver con ese "joven transformador" al que votaron los norteamericanos en 1960.

Esto da la pauta de en qué medida los deseos de poner hielo y silencio sobre una relación incómoda serían luego compartidos tanto por los voceros de las sagradas razones de Estado, como por los de las normas de un férrea familia.

Danzando sobre una nube

Dos días después del encuentro en casa de Pat, sonó el teléfono de Marilyn. Del otro lado de la línea, un Jack cautivante, atento y ceremonioso se conectó con la diva. Como si todo su tiempo hubiese estado destinado a ella, Kennedy se interesó por los asuntos de la actriz, alabó su cuerpo, su rostro, su sonrisa, sus ojos y, desde luego, sus cualidades artísticas.

Después, con poca prudencia –error en que era dado a incurrir– y dando por descontada su discreción –virtud de la que Marilyn carecía por completo–, él le ofreció un encuentro en una residencia de las afuera de Washington, le dictó el teléfono de la Casa Blanca, al que podía llamar cuando quisiera, le dijo, y le pasó el nombre con el cual debía presentarse para que su comunicación fuese derivada directamente al Salón Oval.

Ella colgó el teléfono y primero se quedó extasiada. Le parecía caminar sobre nubes. Luego canturreó una canción, giró en redondo y caminó hasta su mesa de noche.

Sacó de un cajón el pequeño grabador en el que dejaba consignada cada cosa que le parecía que su psiquiatra debía saber. El método había sido propuesto por el propio Ralph Greenson, una simplificación posterior a la prescripción de anotar todo en su diario, para que la no muy estable paciente no tuviese, siquiera, el trabajo de escribir.

Marilyn apretó *Record* y dijo:

"Ayer me paré desnuda frente a mis espejos por un buen rato. Estaba maquillada y me había peinado el cabello.

Qué fue lo que vi. Mis pechos están empezando a caerse un poco... Mi cintura no está mal. Mi trasero es lo que debe ser, el mejor de todos. Piernas, rodillas y tobillos, todavía en forma. Y mis pies no son demasiado grandes. OK, Marilyn, lo tienes todo ahí. Es tiempo de decisiones".

Un sueño de princesa parecía dar comienzo. John se parecía mucho al caballero que a la vez de ser apuesto y seductor, es el paladín de todo un pueblo. Y lo encumbrado de su posición no hacía más que ennoblecer la de la chica de la calle, que merecía estar a la par de él.

Sí, parecía el principio de un cuento de hadas y, sin embargo, era en realidad el inicio de un camino sin retorno.

Infidencias

En el año 2005, John Miner, el ayudante del fiscal que atendió la causa de la muerte de la diva, decidió venderle al periódico *Los Ángeles Time*, la totalidad de las transcripciones de las cintas grabadas por Marilyn para su psiquiatra, que el hombre había obtenido por gentileza o cooperación civil de Ralph, quien había mantenido su ética profesional y nunca las hizo públicas. Greenson y Miner, además, eran amigos.

Así, el material que debía ser absolutamente confidencial, se hizo de conocimiento masivo cuando Miner, que se había comprometido ante Greenson a no dar a conocer jamás el contenido de las cintas, quebró su palabra. Cuarenta años después de muerta, Marilyn fue traicionada una vez más.

Luego de aquel día de agosto, en que el ayudante del fiscal, por entonces de ochenta y siete años, entró a la redacción del diario, en el 202 de la calle 1 Oeste, y caminó derecho hacia el despacho de Forger W. Backwright para entregarle el material, dijo que había tomado aquella decisión en virtud de las acusaciones que habían comenzado a caer sobre la memoria de su amigo Ralph, ya fallecido, a quien se indicaba como uno de los responsables de muerte de la diva.

Al comenzar la experiencia frente al grabador que le había sugerido Greenson, Marilyn dijo en voz alta dirigiéndose al profesional:

"Usted es la única persona que conocerá los pensamientos más privados y más secretos de Marilyn Monroe. Tengo la absoluta confianza de que usted jamás dará a conocer a nadie lo que yo le cuento".

Esa misma noche, se dice, la emocionada mujer habló con su psiquiatra. Le contó lo que había ocurrido con pelos y señales y, aunque finalmente hacía lo que a ella misma le parecía, le requirió un consejo.

Ralph debió darlo –imposible saber cuál fue–, y aparece aquí un interrogante que luego del sospechoso suicidio de la actriz, desveló a muchos y se agigantó sobremanera. Dadas las circunstancias de la relación y de la posterior muerte; ¿para quién trabajaba, en verdad, Greenson? ¿Para Marilyn, para Moscú, para el FBI?

Ralph Greenson ejercía sobre Marilyn un poder enorme, y ella tenía de él una gran dependencia. Tanto que tras varios meses de atender a la diva, Ralph –pese a ser un psiquiatra de gran prestigio– se deshizo de todos los otros pacientes. Se dedicaba a ella por entero. Marilyn podía llamarlo, si quería, en plena madrugada de un domingo.

Pero estar casi por completo al servicio de la actriz, tenía también sus beneficios, aparte del dinero que embolsaba. "Puedo lograr que Marilyn haga lo que yo quiera", llegó a proclamar un día. Efectivamente, su poder sobre ella era enorme.

A propósito de este punto, en su investigación sobre la muerte de la diva, Donald Wolfe escribió:

"Ser analista de una amiga íntima del presidente ponía a un *apparatchik* de la *Komintern* en una posición única. En el diván del analista había una fuente de secretos comprometedores acerca de la vida privada del presidente de los Estados Unidos, así como también informes sobre asuntos mundiales discutidos con el 'Presi' y registrados en el diario de la paciente, el mismo 'libro de secretos' que pasó a ser una cuestión preocupante para James Jesus Angleton, jefe de contraespionaje de la CIA".

Y agrega más adelante Wolfe:

"Según Lena Pepitone, Marilyn pasaba largas horas con su amigo infalible, el teléfono, hablando con el doctor Greenson. Pepitone se daba cuenta de que ella empezaba a depender completamente de él. Era una adicción."

Pepitone había sido asistente de la actriz durante años. Greenson, que también había sido analista de Tony Curtis, Frank Sinatra y Jack Lemmon entre otros, llegó a conocer a Marilyn como nadie. Sólo a las citas con él la actriz llegaba puntualmente.

Greenson supo que Marilyn le tenía cierta aprehensión a la noche, y que por eso prefería hacer el amor de día y de pie, de ser posible, para sentirse menos vulnerable. Que le habían hecho una operación de vesícula, la que le había dejado una muy visible cicatriz cerca del ombligo. Que bebía ginebra con asiduidad y que viajaba con cientos de libros en un baúl…

El vínculo entre ambos había comenzado en enero de 1960, y llegó a ser tan intenso que se veían, prácticamente, los siete días de la semana.

Sin embargo, según Michel Schneider, finalmente Greenson se corrió del lugar de analista, llevando al fracaso el tratamiento. Se transformó en su madre, en su padre, y se enamoró de ella. Dice Schneider que sólo Ralph tuvo acceso a datos muy íntimos y precisos de Marilyn:

"...un padre desconocido, consumidor habitual de heroína; una madre esquizofrénica, hospitalizada a lo largo de toda su vida tras haberla abandonado a los setenta y cinco días de nacer; una abuela que, en un acceso de locura, intentó asfixiarla cuando era sólo un bebé; entradas y salidas de diversos hogares de acogida y orfelinatos donde, a veces, padeció abusos sexuales..."

Un hombre a su medida

Luego de aquella noche en casa de Pat y del posterior llamado, la platinada diva estaba contenta. Le daba curso a su propia naturaleza. John parecía por fin un hombre hecho a su medida. Ella misma le había explicado a su psiquiatra luego del divorcio de Joe Di Maggio:

"Lo amé y siempre lo amaré. Pero Joe no podía estar casado con una famosa estrella de cine como yo. Quería una tradicional esposa italiana, que fuera fiel e hiciera lo que él decía con devoción. Pero doctor, usted sabe que esa no soy yo".

Efectivamente, Marilyn Monroe ya no era Norma Jeane. El mito se había devorado por completo a la mujer. Necesitaba ser amada pero sólo era deseada; necesitaba ser comprendida, pero no hacía nada para que ello fuera posible. Frente a los ojos de Norma Jeane, Marilyn Monroe era ese esperpento que dijo:

"No puedo dormir ni concentrarme, no sé si soy buena o mala en la cama, odio el dolor, no puedo tener hijos, me cuesta tomar decisiones, no puedo mantener una relación amorosa, padezco depresiones y tomo demasiados tranquilizantes, bebo, miento y, con frecuencia, deseo morir, aunque tengo pánico a la muerte y a las cosas muertas".

Marilyn era incluso severa consigo y en algunos de sus conceptos hasta cruel:

"Quiero amar y al mismo tiempo dejo todo por mi carrera. Soy ignorante, tonta y vulgar. Leo libros y tengo maestros que creen que puedo ser una gran actriz, pero soy incapaz de recordar los parlamentos del guión. Soy una estrella pero las productoras me odian. Creo en el matrimonio pero me acuesto con otros".

No obstante, en su corazón había alegría y una extraña, renacida esperanza. La expectativa de una relación distinta llenó de exultante alegría aquellos días. Y como una de las características de la dicha es la expansión, no se privó de hablar y hablar con Greenson. Su verborragia era algo sobre lo que habían tomado nota varias personas, además de su psiquiatra.

Peligros y obsesiones

John Fitzgerald Kennedy asumió la presidencia de los Estados Unidos en enero de 1961. Las especiales situaciones políticas que comenzaban a darse fuera de las fronteras de la Unión fueron, desde el principio, un fuerte condicionante de las acciones y el modo de pensar del nuevo mandatario, mucho más que lo que ocurría dentro de su propio país.

También los "peligros" que "amenazaban" desde extramuros, tiñeron la vida cotidiana de los norteamericanos medios.

Si bien Jack no había integrado el núcleo duro de los liberales que desde el Partido Demócrata expulsó al macartismo del poder, estaba obligado a respetar la decisión partidaria y no podía acudir otra vez a semejante instrumento para asegurar la pureza ideológica de sus conciudadanos. Sin embargo, seguía considerando al comunismo como el padre de todos los males. Además, al comenzar los años 60 –a diferencia de la posguerra que debió administrar Eisenhower–, muchos países de América Latina, Asia y África, dejaron de ser simples espectadores y de aceptar el destino que para ellos decidían los países centrales; comenzaron a luchar, o bien por la independencia económica o bien para salir al menos de la postración y la pobreza. La Unión Soviética, por su parte, no sólo comenzaba a ganarle la carrera armamentista a los norteamericanos, sino que había declarado abiertamente el apoyo a las "guerras de liberación" de los países subdesarrollados.

Y aunque Nikita Kruschev tenía ya decidido iniciar un camino de distensión para con los Estados Unidos, la administración Kennedy se mostraba, todavía por entonces, incapaz de descifrar esa estrategia.

No era sólo la Unión Soviética la que desconcertaba al nuevo gobierno. También Latinoamérica lo sorprendía. Decía John Kennedy:

"La pobreza en América Latina no es ninguna novedad. Lo que sí es nuevo es la determinación de salir de ella".

Así las cosas, el clima anticomunista que comenzó a imperar en los Estados Unidos desde comienzos de aquella década, y que habría de profundizarse con la descabellada y frustrante invasión a Bahía de Cochinos, el 19 de abril del 61, tiñó todo el breve período en que JFK manejó los destinos de la Unión.

También, ese clima y esas obsesiones habrían de decidir la suerte de Marilyn Monroe.

Un poder paralelo

Otro elemento que jugaba también con determinación en los Estados Unidos de aquellos años era la mafia. Sería muy difícil comprender cabalmente los acontecimientos que se desencadenaron luego del encuentro entre John y Marilyn en casa de Pat, si no se tuviese debidamente en cuenta a este poderoso jugador.

Peter Lawford, el hombre al que Jack le pidió intervención para gestar el encuentro, estaba íntimamente ligado a Frank Sinatra, como ya ha quedado dicho. Pero Sinatra no era un amigo cualquiera.

Hijo de Natalie Della Agravantes, una comadrona genovesa que se dedicaba a hacer abortos ilegales por 50 dólares, y de Anthony Martin Sinatra, bombero y tabernero siciliano que había sido un boxeador mediocre, Francis Albert Sinatra, pronto demostró un temperamento belicoso, fanfarrón y pandillero. Tenía, eso, sí, condiciones excepcionales para el canto, lo que selló su destino.

Recién a los veinticuatro años logró que su garganta lo sacase del puesto de cadete que desempeñaba en el *Hudson Observer*, un periódico de la época. Se convirtió en vocalista de la famosa orquesta de Tommy Dorsey, a quien luego abandonó sin cumplir el contrato que los ligaba.

Amigo personal de Joe Fischetti, primo de Al Capone y hombre prominente de la Cosa Nostra, se dice que sus tempranos contactos con la mafia italiana, más que su garganta, decidieron su ingreso al mundo de la música.

Por intermedio de Fischetti, Frank se vinculó con Lucky Luciano en La Habana, y entró al negocio de los casinos. El FBI comenzaba a posar los ojos sobre el muchacho de sonrisa seductora, voz celestial y debilidad por la cocaína.

Protegido por Luciano y Fischetti, no tardó en ser amparado por Sam Giancana y, junto a Peter Lawford, acercarse al clan Kennedy. Compró Cal-Neva, un casino que regenteó varios años, y luego varios más en Las Vegas, todos con dinero de sus amigos de la Cosa Nostra. Por su lecho, ya habían pasado Kim Novak, Natalie Wood, y la madura Rita Hayworth. Luego lo harían Grace Kelly, Mia Farrow, Angie Dickinson y Ava Gardner, entre otras.

Peter Lawford, era el hombre que proveía la casa para que los encuentros que solicitaban tanto los jerarcas de la mafia cuanto los políticos de diferente pelaje (los Kennedy entre ellos) se llevasen a cabo.

El 16 de mayo de 2005, salió a la venta en los Estados Unidos "La vida", un libro de Anthony Summers y Robbyn Swan. Cinco días antes de su aparición, Andy Robinson, adelantó parte de la obra y contó, entre otras cosas:

"...la relación con el gran padrino Luciano –oriundo del mismo pueblo siciliano, Lercara Friddi, que los abuelos de Frank Sinatra– es la que más daño ha hecho a la imagen de los *old blue eyes* (viejos ojos azules) [...].
"Lucky Luciano llegó a las cotas más altas del poder mafioso después de matar personalmente a veinte personas y establecerse en el centro de operaciones del Mob en La Habana y, después, en Las Vegas...".

Narran Summers y Swan que en 1947, Sinatra se presentó en el Hotel Nacional de La Habana –propiedad de Luciano– para cantar ante el grupo de jefes de la Cosa Nostra que allí se había reunido. El encuentro tenía por objeto decidir la suerte de *Bugsy* Siegel, capo mafia de Las Vegas que, sin embargo, atravesaba grandes problemas financieros con su hotel Tropicana. Frente a este panorama, el grupo de Luciano había decidido abrir un nuevo hotel-casino con Sinatra al frente. Siegel se oponía, pero pocos meses después Siegel cayó perforado por la balas. Dice Robinson:

"El consorcio de Luciano se hizo cargo del hotel Flamingo y gestionó la conversión de Las Vegas en la meca del juego y del entretenimiento. Frank era la atracción principal. [...] Sinatra se convirtió en el mayor activo de la siguiente gran operación inversora en Las Vegas, el hotel Sands, donde Sinatra actuó todos los años hasta finales de los años sesenta".

Frank era, sin dudas, un valioso capital para Luciano, y Lucky, un pavimentado camino hacia la fama para Sinatra. Señalan los autores de "La vida" que, a los efectos de valorizar a su "niño de oro", los hombres de la Cosa Nostra convencieron a Fred Zinnemann, quien iba a dirigir "De aquí a la eternidad", de que Frank era el hombre ideal para un protagónico. Sin embargo, Harry Cohn, productor del filme, que consideraba a Sinatra un mediocre, rechazó la posibilidad.

Al día siguiente de la negativa, al otro lado del teléfono de Cohn apareció la voz de *blue eyes*, que había sido llamado por el remiso ejecutivo Jimmy Alo, un sangriento colaborador de Luciano, rápidamente convenció al impulsivo productor de lo errado de su juicio.

Frank Sinatra no sólo se transformó en una nueva luminaria de Hollywood, sino que se alzó con un Oscar por su actuación en la película.

Erradas compañías

Se sabe, por material desclasificado luego de la muerte del cantante, que la Oficina Federal de Investigaciones estuvo largos años tras los pasos de Sinatra. Nunca obtuvo ninguna prueba concreta que lo implicara en algún tipo de delito, pero esto era muy común con los meticulosos hombres de la mafia.

Frank y Marilyn se conocieron en 1960, acaso por intermedio de Lawford. Frank rápidamente quedó prendado de la rubia que era el gran objeto del deseo de millones de norteamericanos. Para Marilyn, Sinatra era una de las voces más maravillosas que había escuchado en su vida, y nada más. Varias veces, Frank le propuso matrimonio pero, más allá de un breve *affaire* que se dio entre ellos, nunca logró de Marilyn más que un profundo pero fraternal cariño.

Se cuenta, sin embargo, que hacia finales del año siguiente, cuando ya Jack y Marilyn eran amantes, Sam Giancana –que en ningún momento perdonó la traición de los Kennedy luego de las elecciones– le pidió a Sinatra que le "entregara" a la diva para una noche de sexo.

Frank invitó a Marilyn al Cal-Neva, y allí, tras una noche de alcohol y drogas, la muchacha fue fotografiada teniendo sexo con Giancana y otros líderes mafiosos. La idea era que ese material le llegase al FBI, que ya lidiaba con el romance, para que la policía presionase al presidente y hacerle terminar con el asunto. O para hacer público un escándalo y tomar revancha del olvidadizo político. Empero, se dice que cuando el fotógrafo Billy Woodfield mostró el material a Sinatra, el cantante destruyó el rollo en el mismo momento. Esta versión siempre ha estado en entredicho. Y, claro está, no existen pruebas que la confirmen o desmientan.

Sospechada por sus amigos "comunistas", Marilyn, a sabiendas o no, tenía también amigos en la mafia, fama de promiscua, alcohólica, drogadicta y "bocona", amén de una relación con el presidente de la más poderosa nación del mundo. Para los hombres que se movían en la sombras y querían proteger los sacrosantos intereses norteamericanos, aquello era demasiado.

/ Capítulo V
Camas y divanes

Marilyn Monroe y John Kennedy volvieron a verse en una residencia, en las afueras de Washington, algunos días después del encuentro en Santa Mónica. John era tierno y comunicativo. Marilyn era apasionada. Ella, como dijimos más de una vez, simbolizaba el paradigma sexual para millones de hombres. Él, hombre educado en el seno de una familia rígidamente estructurada, comandaba una de las dos potencias mundiales. Sus posibilidades de un respiro inadvertido no eran muchas. Tanto en ese encuentro como en los que siguieron, la soledad de que dispuso la pareja nunca fue completa. El país transitaba momentos de tensiones, y en general, el presidente disponía de pocos espacios de retiro total. Sin embargo, para Jack, esa muchacha era, efectivamente, un remanso. Para ella, entretanto, JFK, gran esperanza de los norteamericanos, era también su esperanza particular. En una de las cintas que grabó para su analista dijo, en un tono entre ingenuo y épico:

"Marilyn Monroe es un soldado. Su comandante en jefe es el hombre más grande y poderoso del mundo. Este hombre va a cambiar al país. Ningún niño pasará hambre. Nadie dormirá en la calle ni comerá de la basura. La gente que hoy no puede pagarlo tendrá seguro médico. Nuestra industria será la mejor del mundo. Transformará a la América de hoy como FDR hizo en los años 30… Yo nunca lo avergonzaría. Mientras tenga memoria, siempre tendré a John Fitzgerald Kennedy".

FDR era, claro, Franklin Delano Roosevelt. La declaración de la diva suponía un exceso, sin lugar a dudas, pero así era ella: altisonante, extrovertida y exhibicionista. Con frecuencia su "diario" se había transformado en el protagonista de una fiesta. Ella lo sacaba de su cartera y comenzaba a leer párrafos de lo que allí consignaba. Nada, desde luego, tenía bajo voltaje. Pero cuando el presidente pasó a ser el hombre que ocupaba el centro de su vida, el risueño desenfado se transformó en un peligroso sendero con final anunciado.

Lechos calientes

Aunque estaba absolutamente encandilada con Jack y manifestaba no querer traicionar su confianza, tampoco ella podía renunciar a su propia naturaleza, y daba la sensación de que cada vez llegaría más lejos.

Por esos días Marilyn Monroe comenzó a intimar con Joan Crawford, la seductora actriz veinte años mayor que ella y, acaso, una de las figuras de Hollywood más promiscuas de ese tiempo. Era fama que tanto hombres como mujeres habían pasado por su cama, que Bette Davis, enemiga irreconciliable de la Crawford, afirmó:

"Se ha acostado con todos los actores de la Metro salvo el perro Lassie".

Lo cierto es que con Joan Crawford, Marilyn tuvo su primera experiencia lésbica. No había allí una inclinación sexual verdadera, pero ella no podía dejar de explorar cualquier camino que la pudiese conducir a lo que más deseaba en el mundo: ser amada. El ensayo no resultó satisfactorio y la platinada rubia se ganó a una impensada enemiga. Frente al grabador, le contó a su psiquiatra:

"Oh sí, Crawford... Fuimos a la habitación de Joan... Ella estaba muy apasionada y gritaba como una maníaca. La próxima vez que la vi, ella quería seguirla. Le dije en la cara que no me gustaba hacerlo con mujeres. Después de que la desplanté, se volvió odiosa conmigo".

Marilyn se había ganado la furia de ambas contrincantes: Joan Crawford y Bette Davis. Esta última, mientras rodaban "Eva al desnudo", arrojó el guion al suelo y le soltó furiosa:

"¡¿No te da vergüenza ser tan mala actriz, y hablar con ese estúpido tono de voz a tu edad?!".

La cuestión, entonces, comenzó a ser un problema de relevancia para Edgar Hoover. Kennedy podía acostarse con quien quisiera, según pensaba el jefe de miles de sabuesos y espías, pero como presidente de los Estados Unidos, sus deseos sexuales eran una cuestión de Estado.

El mes en que ellos materializaban su ansiado encuentro, Kennedy se disponía a recibir a Cheddy Jagan, primer ministro de la Guyana británica que estaba a punto de independizarse de Inglaterra. Pero tanto Hoover como John McCone, director de la CIA, desconfiaban del hombre elegido por tres períodos consecutivos por los guyanos. Creían que se volcaría a un socialismo pro-castrista apenas Gran Bretaña les concediese la independencia, cosa que no estaban dispuestos a permitir.

Por eso, le habían sugerido a Kennedy la intervención encubierta de la CIA, para que fuese el moderado Burnham quien llegase al poder, y el presidente había aceptado. Era el exacto momento en que cualquier filtración de seguridad podía conducir a otro estruendoso fracaso como el de Playa Girón.

Eso preocupaba a Hoover, pero también a McCone, que pocos meses antes había visto rodar la cabeza de Aller Dulles, el antiguo número uno de la CIA que le había vaticinado a Kennedy que al primer disparo de los mercenarios anticastristas, toda la isla se alzaría contra Fidel.

Lo cierto es que, con el apoyo financiero de la central obrera norteamericana AFL-CIO, los sindicatos de la Guyana británica lanzaron una huelga general en contra de la política de Jagan, que derivó en una suerte de guerra campal con 170 muertos y cientos de heridos.

Frente al "conflicto social" que hubo desbordado al gobierno, los británicos optaron por suspender la Constitución que regía hasta el momento, e instauraron otra en la que un sistema proporcional de votos, amañado a las necesidades de Burnham, le permitiesen a éste acceder al poder.

El espectáculo brindado por los Estados Unidos se tornó bochornoso cuando, en 1963, se dio a conocer que el apoyo a los sindicatos guyaneses provino de la central de trabajadores norteamericanos, y que el dinero había sido desembolsado por la CIA. O sea, la AFL-CIO, había operado como una segunda agencia de espionaje, traicionando a sus propios afiliados, a los trabajadores de Guyana, y a toda la historia sindical del país del norte.

No había sido aquella una maniobra casual o desesperada de los jóvenes demócratas que ocupaban la Casa Blanca. En Fort Bragg, bajo la atenta mirada de Robert, el flamante presidente preparaba a las fuerzas especiales de intervención que, con sus cabezas cubiertas por las célebres boinas verdes, escribirían las páginas más negras de la política exterior norteamericana. Y mientras estas cosas se tejían, mantenía un peligroso romance oculto.

Oda a un hombre práctico

En los últimos meses de 1961, el matrimonio de los Kennedy tambaleaba peligrosamente, y la aparición de Marilyn en la vida de Jack no era un motivo menor.

En 1956, la muerte, antes de nacer, de Arabella, la primera hija de los Kennedy, había convulsionado a la pareja. Sin embargo, la posterior llegada de Caroline al año siguiente, y luego la de John-John, el mismo mes en que Jack ganó las elecciones presidenciales, parecieron aquietar las turbulentas aguas en las que navegaba el matrimonio.

Jackie no desconocía las reiteradas y permanentes aventuras de su esposo, pero, al menos hasta octubre del 61, no habían afectado de modo crucial la relación. Otras habían sido hasta entonces las razones por las cuales ella se iba alejando afectivamente de su esposo. Empero, cuando el romance con la diva se volvió evidente, lo límites tolerables por Jackie fueron definitivamente cruzados.

De todo el clan Kennedy, el viejo Joe y el benjamín Robert eran las dos personas a las que Jacqueline más quería y en quienes más confiaba. Joseph había establecido con ella una rápida corriente de simpatía apenas la conoció, antes incluso de que se casara con su hijo. Hombre de mundo al fin, que valoraba la historia y las experiencias de Europa, Joe vio en la muchacha el refinamiento, la cultura y la sobriedad propias del Viejo Continente, que tan bien habrían de venirle a Jack y que, a juicio del patriarca, pocas norteamericanas podrían darle.

Robert, por su parte, que conocía mejor que nadie a su hermano mayor y sabía de cada uno de sus deslices, valoraba la indulgencia de Jackie casi tanto como esa principesca dignidad con la que era capaz de afrontar las circunstancias más duras.

Entretanto, el vínculo de ella con ambos corría por carriles disímiles. Robert era, si se quiere, un igual, un amigo, un hombro sobre el que llorar, un hermano menor. Joseph era la autoridad, el *pater familiae* sabio capaz de mirar más allá del horizonte; el hombre que sabía de heroísmos y miserias humanas, y al que "nada de lo humano le era ajeno".

Así, cuando Jackie sintió que el *affaire* de su marido con Marilyn Monroe había desbordado lo tolerable, tomó una de esas decisiones extremas que le exigían horas de reflexión, ya que ella jamás reaccionaba ante el primer impulso. Se reunió con Robert, puso sobre la mesa la situación y le informó que había decidido separarse de John.

Para el entonces fiscal general de los Estados Unidos, tal confesión fue como un balde de agua helada. Conocía las consecuencias políticas que aquello habría de arrastrar, pero le resultaba imposible confrontar a Jackie sin mentirle. Él, mejor que nadie, sabía que la esposa de su hermano tenía toda la razón.

Sin expedirse demasiado sobre la cuestión, Robert le pidió a su cuñada que antes de tomar una decisión definitiva, hablase con Joseph; él sabría dilucidar mejor que nadie cuál era la actitud más conveniente. Jackie, que tampoco ignoraba el costo que aquello habría de tener sobre la gestión de su marido, asintió.

Frente al jefe del clan, la muchacha volvió a exponer razones, desencantos y certezas. Más allá de cuáles fueran los sentimientos de John hacia la diva, la esposa creía que un romance con Marilyn Monroe, una de las mujeres con más prensa, no tardaría en hacerse público. Por otra parte, se veía a sí misma mezclada en una competencia desigual.

Joseph no era hombre de muchas palabras. Hablaba lo justo y medía con cuidado cada opinión. No le importaba generar grandes silencios, mientras la maquina de calcular que era su cabeza funcionara a toda velocidad. Y supo que confrontar con las razones expuestas por Jackie sería no sólo inútil, sino estúpido. Cualquier intento habría de exponerlo al ridículo frente a su nuera, haciéndole perder ese rol de "gran rector" que ella le asignaba. Sin embargo, no podía permitir que se separase de John.

Joe Kennedy había construido tanto su vida privada como su imagen pública a punta de una pragmatismo extremo. Le repugnaban los idealismos porque considera que eran los causantes de los grandes males de la humanidad. El hombre debía ser práctico y actuar en función de las circunstancias.

Eso pensaba y había dado cabales muestras de ello. Entre 1937 y 1938, como embajador de su país ante el Reino Unido, Joe había sostenido a rajatabla la política del *appeasement* (apaciguamiento) frente al avance nazi que llegaba desde Alemania. No encontraba entonces "práctica" una confrontación bélica contra Hitler, y poco le importaban las razones morales y éticas que la justificaran. Desde luego, pronto la opinión pública europea lo tildó de pro-nazi y antisemita.

Pero a él, poco le importó. No era que no comprendiese cuál era la esencia del Tercer Reich, pero al menos en ese momento, calculaba que embarcarse en una conflagración internacional carecía de razón práctica.

Luego de admitir todas y cada una de las razones expuestas por Jackie para solicitar el divorcio, y habiendo también enumerado las consecuencias que dicha determinación acarrearían, ofreció una solución salomónica, al menos según la mirada de un hombre de negocios como había sido toda su vida: depositaría en una cuenta privada de Jacqueline un millón de dólares para compensar el esfuerzo de continuar junto a su hijo, a pesar de las infidelidades y otras desavenencias.

Si bien la respuesta de Jackie jamás trascendió, es bastante probable que haya sido positiva, a la luz de los acontecimientos posteriores. La indeclinable decisión de divorciarse tuvo un imprevisto reflujo, y Jacqueline Bouvier jamás volvió a hablar del asunto.

Marilyn Monroe había estado a punto de producir un cisma familiar y político que sólo un pulso de "orfebre" logró evitar. Algo, empero, se había quebrado para siempre en la pareja presidencial.

Prejuicios y placeres

Ciertas revelaciones íntimas –acaso intencionadas–, hechas por alguna de las mujeres con las que JFK compartió días de sexo, dan cuenta de que el presidente padecía de ciertos problemas a la hora de la cama. Su espalda, entre otros daños físicos, limitaba sus posibilidades de desarrollar el sexo tal como su instinto lo requería.

También Marilyn Monroe, a lo largo de un extenso período de su vida tuvo una relación problemática con la sexualidad, por más paradójico que esto parezca. Es probable, como afirman ciertos psicoanalistas, que sus experiencias infantiles de abuso y su posterior necesidad de vender su cuerpo para sobrevivir, hayan condicionado si no su libido, sus posibilidades de disfrutar el sexo en plenitud. Hasta un determinado momento de su vida, la mayor *sex symbol* de su época no había podido tener orgasmos, tal cual ella misma lo admite frente a su psiquiatra:

"Lo que le dije cuando comencé a ser su paciente es verdad: nunca había tenido un orgasmo. Me acuerdo bien de que usted me dijo que eso sucede en la mente, no en los genitales, y que había un obstáculo en mi mente que me impedía tener uno, que era por algo que me pasó cuando era muy joven, algo de lo que me sentía tan culpable que no me permitía disfrutar del mayor placer que existe".

A Ralph Greenson le costó poco trabajo desentrañar la madeja, dado el conocimiento que tenía del pasado de Marilyn. Cuenta Marilyn:

"Después dijo que íbamos a probar un acercamiento diferente, que me iba a enseñar a estimularme yo sola, que cuando hiciera exactamente lo que usted me decía iba a tener uno, y que después de que lo hiciera sola, iba a tenerlos con mis amantes... Dios lo bendiga, doctor. Lo que usted dice es palabra santa para mí. Hasta ahora tuve un montón de orgasmos. No sólo uno, sino dos o tres con hombres que se toman su tiempo... Nunca lloré tan fuerte como lo hice después de mi primer orgasmo. Fue por los años en los que no había tenido uno. Qué años perdidos."

Es obvio que en los tiempos en que Marilyn estuvo junto a Jack, ya conocía la técnica que habría de llevar al placer a ella y a su amante, y esa fue una de las mejores armas que tuvo para fascinar al presidente. Tal supuesta pericia sería insoportable para cualquier otra mujer puesta en el papel de rival. Nicholas Wapshott, comentando una biografía sobre Jacqueline escrita por Sall Bedell, dice:

"Jackie fingía ignorar tales romances de su marido, pero le molestó la relación de él con Marilyn Monroe, e incluso consideró tener amantes ella misma".

Sin embargo, Jacqueline no se conformaba con un simple enojo por la competencia. Decidió entonces buscar ayuda para tratar de mejorar el sexo con su esposo.

Escribe Wapshott:

"Por temor a la indiscreción, descartó ver a un psiquiatra. Pero en 1961 consultó con el cardiólogo Frank Finnerty. Lo había conocido en la casa, en Virginia, de su cuñado Robert Kennedy. El cardiólogo se convirtió en su confidente. Los consejos que éste le dio tuvieron el efecto deseado".

El año que Jacqueline había planteado lo del divorcio frente Joseph, optó por tratar de mejorar el vínculo en la cama con John. Desde luego, no demasiadas cosas cambiaron para JFK pese al trabajo del confidente Finnerty. Marilyn Monroe inmediatamente se convirtió para él en una experiencia única y diferente. La diva no cargaba con ninguno de los prejuicios que, por entonces, limitaban la libertad sexual de la mayoría de las mujeres educadas de acuerdo a los cánones vigentes entre los años 30 y 40. Ella estaba más a tono con la década de los 60 y además, podía debatir estos temas con su psicoterapeuta. Volvamos sobre el origen y las características de este vínculo.

Los nuevos brujos

En el Hollywood de mediados de los años 50, no psicoanalizarse era como haberse quedado fuera de la sociedad moderna. Sobre todo para quienes, como Norma Jeane, habían pasado de la oscuridad de una fábrica o una oficina al rutilante plató de cine.

A principios de 1960, Marilyn Monroe se disponía a filmar "El multimillonario", con Yves Montand como protagonista. El terror escénico que casi siempre la invadía antes de cada película había regresado, y entrar en el cuerpo de Amanda Dell, su personaje, le resultaba imposible. Tampoco la historia la convenció.

Como dijimos, en Nueva York Marilyn se había atendido con Margaret Hohenberg, y desde 1957, con Marianne Kris. Antes de ambas, en 1956, y por una crisis similar, esta vez filmando "El príncipe y la corista", había sido la mismísima Ana Freud, en Londres, quien la había atendido. Es verdad que en este último caso, la presencia de Laurence Olivier como director del filme era un traumático componente adicional al terror escénico de Marilyn. La diva lo admiraba tanto como le temía. Al respecto le contó a Greenson:

"Olivier vino a mi camarín enojado por arruinar la escena. Lo calmé diciéndole que su Hamlet era la mejor película jamás hecha... Pero el príncipe real era... era superficial, no, esa no es la palabra, era altanero, arrogante, un snob, un consentido y quizás ligeramente antisemita, pero el condenado, qué gran actor era".

George Cukor no era Olivier, y, sin embargo, Marilyn seguía atosigándose con los somníferos que le permitían dormir pero le impedían levantarse para rodar. Necesitaba un terapeuta que la asistiera.

Habló con Kris y le pidió que la derivara a algún analista de Los Ángeles, aunque sea temporalmente. La terapeuta recomendó a Ralph Greenson, el más prestigioso profesional de Hollywood, el hombre que incluso había conocido personalmente a Freud.

Antes de la derivación, Marianne le escribió a su colega describiéndole el cuadro clínico, a fin de que éste decidiera si tomaba o no a la paciente. Le dice Kris a Greenson que Marilyn es:

"Una mujer totalmente en crisis. Con tendencia a la autodestrucción por el abuso de drogas y barbitúricos. Con ansiedad paroxística, revela una frágil personalidad".

Ralph Greenson aceptó el caso porque, en ese momento, lo juzgó como un interesante desafío. Luego, el vínculo entre ambos se modificaría en forma sustancial y, peor que eso, se rompería todo encuadre terapéutico.

En el bungalow Nº 21 del Beverly Hills Hotel, en donde se alojaban Marilyn y Arthur Miller, se llevó a cabo la primera sesión. El terapeuta no había podido lograr que, esa primera vez, la actriz acudiera a su consultorio.

A partir de allí, y durante los seis meses que duró el rodaje, cada tarde, una limusina recogía a la actriz, la llevaba hasta North Roxbury Drive, aguardaba los cincuenta minutos de rigor, y volvía a depositarla en el Beverly Hills Hotel.

Los resultados del breve trabajo de Greenson fueron, diríase, ambivalentes. Marilyn pudo concluir el trabajo cinematográfico, pero se enredó en un absurdo romance con Yves Montand que destruyó su matrimonio con Arthur Miller y la arrojó al interior de una clínica psiquiátrica.

Ese era el Hollywood de mediados de los 50 y comienzos de los 60. Esa es la meca del cine cruzada por el psicoanálisis que, con pluma admirable, dibuja Michel Schneider:

"Ahí fue donde el psicoanálisis y el cine vivieron su relación fatal. Su encuentro fue el de dos extraños que descubren mutuamente, más que sus afinidades, unas pulsiones semejantes, y que sólo se mantienen unidos por un malentendido. Los psiquiatras intentaban interpretar las películas –y a veces lo lograban–, los cineastas retrataban a terapeutas que interpretaban el inconsciente. Ricos, vulnerables, neuróticos, inseguros, unos y otros estaban enfermos y se cuidaban con fuertes dosis de 'curación a través de la palabra'".

Schneider –escritor y psicoanalista al mismo tiempo–, es quien mejor ha indagado en el vínculo entre Marilyn y Greenson. Exhibe además dotes de retratista y filósofo:

"...cuando Ralph y Marilyn se encontraron, a principios de 1960, Hollywood iniciaba su decadencia. La fábrica de películas había conocido el apogeo treinta y tres años antes. Hoy día, los grandes estudios de cine son desiertos hechizados por los fantasmas de unos actores a los que los turistas... ya no recuerdan. Hoy día, cuesta imaginar lo que fue la boda del psicoanálisis y el cine en los años dorados. Bodas entre el pensamiento y el artificio, teñidas siempre de dinero. [...] El psicoanálisis no sólo curó las almas de la comunidad de Hollywood, sino que construyó en celuloide la ciudad de los sueños".

En las primeras sesiones que el psicoanalista atendió a la actriz, señala Schneider, Greenson se enteró de que Marilyn cambiaba frecuentemente de médico, que ingería Demerol, un calmante parecido a la morfina, Pentotal de sodio, un depresor del sistema nervioso, Fenobarbital y Amiral, barbitúricos ambos que se administraban por vía intravenosa.

El psiquiatra, entonces, propuso comenzar con un tratamiento cara a cara, nada de diván, y le apuntó el nombre de Hyman Engelberg, el médico que a partir de ese momento se ocuparía de los aspectos físicos de su enfermedad. Le prohibió terminantemente el uso del Demerol, y la escuchó quejarse tanto del papel que tenía que desempeñar en la película, cuanto del director, George Cukor, quien, a juicio de la diva, no la apreciaba lo suficiente.

Por esos días, John Fitzgerald Kennedy no había entrado aún en su vida. Pero estaba cerca.

Capítulo VI
Juegos peligrosos

A comienzos de 1962, John Kennedy estaba envuelto en varios conflictos. En lo personal, los encuentros con Marilyn se habían sucedido uno tras otro. Jackie trinaba ante cada viaje suyo a Los Ángeles, porque sabía quién lo esperaba allí, y la platinada diva comenzaba a imaginar que podía llegar a suceder a la primera dama no sólo en el corazón de John, sino en la mismísima Casa Blanca. Jack no desconocía cuáles eran las expectativas de Marilyn y se debatía entre la necesidad de seguir viéndola y ya, la de librarse de ella.

En paralelo, su administración debía resolver dos cuestiones cruciales en política externa. ¿Avanzar con la política de *diversidad*, permitiendo que el resto de las naciones, en especial las de América Latina y África, eligiesen libremente a sus aliados externos, o condicionar el apoyo e incluso intervenir en aquellas que simpatizasen con la Unión Soviética o con China? Ese era el primer interrogante. El segundo: ¿qué tipo de política militar llevar adelante con la Unión Soviética?

Varios elementos entraban en juego a la hora de decidir. Respecto de la primera cuestión, los Estados Unidos habían perdido para siempre la capacidad de autoabastecimiento que tuvieran hasta finales de los años 50, y dependían de terceros países en productos tales como lana, petróleo y ciertos metales, casi todos suministrados por el Tercer Mundo.

En cuanto al comunismo y la carrera armamentista, Kennedy supo al asumir la presidencia que la superioridad que los medios periodísticos norteamericanos le atribuían a la Unión Soviética no era tal, o al menos no era tan importante como para que no se pudieran igualar las cosas en poco tiempo. El interrogante era otro, si de mantener la paz entre ambas potencias se trataba: ¿debía demostrar las intenciones de no agresión a partir de no aumentar el arsenal nuclear, o asegurarse la "buena conducta" soviética, superándola ostensiblemente en armamento?

Es sabido que Kennedy, respecto de la Unión Soviética, eligió esta última solución logrando exactamente lo contrario de lo que se proponía. El Kremlin interpretó que el vertiginoso rearme norteamericano obedecía a la intención de convertirse en potencia agresora, y decidió marchar en el mismo sentido.

Respecto del Tercer Mundo, se eligió una avenida de doble mano. La llamada Alianza para el Progreso era un acuerdo según el cual Estados Unidos comprometía un apoyo de 20.000 millones de dólares en 10 años a los países que lo necesitasen, pero al mismo tiempo condicionaba esos fondos a la compra de productos norteamericanos de cualquier tipo. Pronto, las mismas naciones que habían firmado el acuerdo, comenzaron a emigrar de la Alianza. Las cosas no marchaban de acuerdo al gusto de John.

Dice Kaspi, su biógrafo:

"Los programas de ayuda al exterior no han transformado en absoluto al Tercer Mundo. Sin dudas, habría que compartir las responsabilidades entre los estadounidenses y los países asistidos. Pero lo que realmente sorprende es que Kennedy va evolucionando cada vez más hacia una política idéntica a la de J. Foster Dulles. Se preocupa más del anticomunismo del régimen que de su asentamiento popular".

Ninguno de todos estos resultados de su política conocía todavía Kennedy en aquellos primeros días de 1962. Pero en lo personal, acabó tomando un decisión que quedaba a mitad de camino entre abandonar a su rubia amante o seguir y arriesgar su matrimonio, la relación con el clan en su conjunto y exponerse a con un escándalo mediático de proporciones: acudió una vez más a su querido hermano Robert.

Tres no son multitud

Varias veces, desde que John se lanzara a la política activa y Bob le oficiara de segundo, los hermanos habían compartido alguna amante. Era, para decirlo de alguna forma, una particular manera de comunión entre ambos. Sin embargo, hasta ahora, el *ménage à trois* nunca había comprometido los sentimientos de ninguno de los dos. Funcionaba como otro juego de complicidades.

Bob conocía cada movimiento de su hermano mayor, y cada detalle del *affaire* con Marilyn. También, como fiscal general de su país (el equivalente jerárquico a un ministro de Justicia en otros país), escuchaba una y otra vez las advertencias de Hoover (luego también de la CIA) sobre la inconveniencia de dicha relación.

Robert Kennedy no se asombró cuando su hermano abordó el tema con preocupación. Marilyn comenzaba a ser un problema y era menester hallarle una solución. Jack le pidió a Bob que tratara de involucrarse sentimentalmente con la rubia, a fin de irle poniendo límites al vínculo que él tenía con la actriz. Si ella se estaba acostando con ambos hermanos Kennedy, carecería de argumentos para reclamarle a John un espacio más definitivo en su vida.

Robert cumplió el mandato, y no le pesó nada hacerlo. Marilyn era un apetecible bocado casi para cualquier norteamericano. Hacia el mes de abril de 1962, Robert Kennedy y Marilyn Monroe se encontraban con frecuencia en el 12305 de Fifth Helena Drive, en Brentwood. Desde luego, Marilyn y John no dejaron de verse.

Si la actitud de JFK es más que comprensible, no ocurre lo mismo con la de la diva. Marilyn estaba efectivamente enamorada de John, y esperaba ser para él algo más que una amante de ocasión. Tenía –creía ella– motivos suficientes para albergar dicha esperanza. Jack aprovechaba cada circunstancia que se le presentaba para verla, y los encuentros eran dulces y apasionados al mismo tiempo.

El porqué aceptó un romance con Bob sin estar no ya enamorada, sino ni siquiera fuertemente atraída por él, entra en el marco de las perniciosas decisiones que la blonda actriz tomó a lo largo de toda su vida. Esta afirmación no supone concluir que de no haber accedido a los requerimientos de Robert la relación con John hubiese terminado de otro modo. Sí, en cambio, habrían cambiado las circunstancias y, acaso, el final.

Tan sin sentido fue para ella el vínculo con el benjamín de los Kennedy, que llegó a decirle a Greenson:

"No sé qué hacer con Bobby, doctor. Como usted ve no hay lugar en mi vida para él. Supongo que no tengo el coraje suficiente para enfrentarme a la situación y lastimarlo. Quiero que sea otra persona la que le diga que lo nuestro se terminó. Intenté que fuera el Presidente pero no pude hallarlo. Ahora me alegro. Es demasiado importante como para pedirle algo así... Usted sabe, cuando le canté el feliz cumpleaños... A lo mejor debería dejar de ser una cobarde y decírselo yo. Pero como sé cuánto le va a doler no tengo el valor para hacerlo".

Más tarde, en un rapto psicoanalítico de dudosa eficacia, Marilyn se sentó frente a su grabador y procuró explicarle a su psiquiatra cuál era, a juicio suyo, el motivo por el cual Robert había iniciado la relación con ella:

"Pienso que lo que pasó con Bobby fue que dejó de tener un buen sexo con su esposa por un tiempo... Entonces, cuando empezó a tener sexo con el cuerpo que todos los hombres quieren, su moral católica tuvo que encontrar una manera de justificar el engaño a su mujer. Entonces, el amor se convirtió en la excusa. Porque si amas lo suficiente y no lo puedes evitar, no eres culpable de nada. Muy bien, doctor, ese es el análisis de Marilyn Monroe sobre el amor de Bobby por mí".

La paciente hablaba de sí misma en tercera persona. Y tal vez fuera adecuada la distancia, porque no podía imaginar siquiera lo lejos que estaba su análisis de la realidad concreta.

Un susurro histórico

Efectivamente, tal cual la diva menciona en la cinta para Ralph Greenson, el 19 de mayo de 1962, diez días antes de que John Fitzgerald Kennedy cumpliera sus cuarenta y cinco años de edad, fue Marilyn Monroe la que le cantó el *Happy Birthday* en medio de un Madison Square Garden repleto.

A comienzos de 1962, Marilyn había firmado un nuevo contrato con la 20th Century Fox para filmar, esta vez,

"Something's got to give", con Dean Martin como coprotagonista y George Cukor en la dirección del filme.

Pese al vínculo fuertemente traumático que la productora mantenía con la actriz, la Fox apostaba a la capacidad taquillera de Marilyn (la segunda detrás de Shirley Temple) para escaparle a la quiebra a la que la estaba llevando "Cleopatra". El film, protagonizado por Elizabeth Taylor y Richard Burton, había sido presupuestado en 2 millones de dólares, y acabó costando 44 millones; unos 295 millones a dinero de hoy. De hecho se transformó en la tercera película más cara de la historia del cine.

Por entonces, la diva lidiaba con su salud física. Tenía sinusitis y bronquitis reiteradas. Su estabilidad emocional se hallaba sitiada por una sensación de inseguridad cada vez más profunda. Faltaba al rodaje, llegaba tarde o se retiraba antes de tiempo, haciendo enrojecer de ira a los productores acosados por las deudas.

Sin embargo, pese a las amenazas de demanda y de rescisión de contrato, Marilyn Monroe abandonó durante siete días la filmación, viajó a Nueva York, y ese 19 de mayo, enfundada en un vestido largo color manteca, que se ceñía a su cuerpo, avanzó hacia el atril colocado en el escenario, y con voz absolutamente sensual y provocadora, cantó su famoso *Happy Birthday Mister President*, dejando de una pieza a todos los presentes, en especial, a Jacqueline. Esa cinta se puede hoy ver por Internet, y aún sorprende por su atrevimiento.

Luego, cuando estuvo frente a frente con John, le estampó un largo beso en la mejilla y le regaló un Rolex de oro, en un estuche del mismo metal. En la tapa de la caja del reloj, había grabada una frase con la fecha real del cumpleaños: "Jack, con amor como siempre, Marilyn. Mayo 29, 1962".

En tanto, en la base del estuche la diva había hecho grabar un poema que era toda una declaración. "Una súplica cordial en tu cumpleaños", decía antes del poema, que concluía con lo que Monroe sentía en ese momento y era casi una premonición: "Déjame amarte, o déjame morir".

Desde luego, Jackie jamás se enteró de la existencia de aquel presente. Con sigilo, John lo puso en manos de Kenneth O'Donnell, su amigo irlandés que, bajo el cargo de "consejero", se ocupaba de borrar las pistas comprometedoras de los hermanos Kennedy, en lo que a aventuras amorosas se refería. "Hazlo desaparecer", le dijo. O'Donnell, en contra de su costumbre, desobedeció el pedido presidencial. Guardó el reloj que, heredado por su hijo, salió a remate en el año 2005. Se pagó por él 120.000 dólares. Ya, por entonces, ninguno de los protagonistas de la densa trama estaba con vida.

Espadas donde hubo rosas

Aquella noche, Jackie sintió que la situación había pasado de castaño a oscuro. Algunos medios habían comenzado a rumorear, un par de semanas antes, sobre el probable romance, y ese día la descarada actitud de Marilyn no dejó espacios para la duda. La primera dama enfrentó al presidente y le dijo que si no abandonaba de inmediato a la actriz, no habría dinero en el mundo que detuviera su pedido de divorcio.

Contra las cuerdas, John debió haber buscado alguna excusa que sonara convincente, si no para deshacerse de Marilyn, al menos para poner distancia de ella por algún tiempo. Entonces enfrentó a su amante y le dijo que el pasado de ella lo atormentaba, que no soportaba los celos, por lo que prefería una momentánea separación hasta que él fuese capaz de elaborar dicho sentimiento.

Sin embargo, ya Marilyn había dejado de lado toda discreción. Se sentía usada por Jack y aspiraba a que éste

111

la redimiera de una única forma: convirtiéndola en su nueva esposa. Aprovechando los rumores periodísticos, decidió mandarle un mensaje público bien contundente. En una entrevista concedida pocos días después del festejo en el Madison, Marilyn, forzando la pregunta del cronista, sentenció nada sumisa:

"Los hombres que piensan que las aventuras amorosas que una mujer ha tenido antes, disminuyen el amor que ella les proporciona y siente por ellos, generalmente son unos débiles cretinos. Una mujer puede amar con un amor nuevo a cada hombre del que se enamora".

Kennedy estaba encerrado, decididamente presionado por Jacqueline y con Marilyn fuera de control. Al menos una vez más antes del fatídico 5 de agosto, los vecinos de la diva vieron estacionar la limosina negra rodeada de autos repletos de custodios, frente al 12305 de Fifth Helena Drive.

Es imposible saber si Jack intentó serenarla con algún tipo de promesa a cumplir en el largo plazo, o si fue a romper con ella definitivamente, advirtiéndole que si hacía algo "indebido" la pasaría mal y él no podría protegerla.

Lo cierto es que, en cualquiera de los casos, Marilyn Monroe desoyó la voz del presidente. Profundamente herida, amargada, y con la sensación de haber sido traicionada de forma miserable, la diva pensó que tenía en sus manos las herramientas para destrozar no sólo a John, sino al clan Kennedy en su conjunto, y así se los dijo a sus amigos:

"Voy a dar a conocer todo este maldito asunto, y tengo a varios interesados en comprar la historia. Los Kennedy me utilizaron y luego me echaron a la basura".

¿Qué "asunto" se disponía a ventilar Marilyn? Desde luego que la confirmación del romance con el presidente y con su hermano. Eso podría costarle a John un descrédito enorme, o acaso también la presidencia. Empero, el gobierno disponía en ese momento de "antídotos" para neutralizar una embestida de tales características. No era un secreto para casi nadie la precaria estabilidad psíquica de la estrella y sus vínculos con sectores *non sanctos* de Hollywood. Estaba, además, el "célebre" video porno que ya descansaba en manos del FBI, y los dólares con los que la Casa Blanca podía conseguir que afamados personajes confirmaran la locura de la diva. Había, claro, otros "asuntos" que sí preocupaban, y muy seriamente, al poder político, económico y militar de los Estados Unidos. Por lo que la resolución se demoró algo.

Rehén de sus palabras

El 17 de abril de 1961, cuando el fracaso de la invasión norteamericana a la isla de Cuba recorría los noticieros de todo el mundo, Kennedy había admitido frente a su pueblo la participación de los Estados Unidos en la aventura, pero escamoteando la verdadera historia de la frustrada ocupación. A poco más de un año de todo aquello, alguien conocía con exactitud los hechos, porque el propio Kennedy se los había narrado, y la información se hallaba en las páginas de un "diario rojo". Esa persona era Marilyn Monroe.

En sus anotaciones, la diva había consignado la voladura de una refinería en La Habana, en marzo del 61, el 13 de abril, el incendio de los almacenes El Encanto, también en La Habana, y buena parte del total de los 5700 actos de terrorismo perpetrados por la CIA en toda Cuba, con un saldo de más de 200 personas muertas.

Pero, lo más comprometedor y peligroso para todo el poder norteamericano eran los planes fallidos y futuros para asesinar a Fidel Castro. Todo estaba allí, en ese mítico diario rojo que la diva guardaba bajo llave en el archivo del bungalow de huéspedes de su casa.

Dice Donald Wolf, a propósito del diario:

"En julio de 1962, Marilyn le enseñó su diario rojo o 'libro de secretos' a Robert Slatzer. En el diario había apuntes sobre su conocimiento del complot de la CIA para matar a Fidel Castro y una declaración de que Bobby era inflexible en su recomendación de retirar el apoyo militar de los Estados Unidos a las fuerzas invasoras de Bahía de Cochinos".

Era mayo de 1962, y Marilyn Monroe se sentía traicionada, agraviada, incluso por un golpe que le había llegado de improviso. Luego de largas y penosas meditaciones, Ralph Greenson había llegado a la conclusión de que como su terapeuta, no era mucho más lo que podía hacer por la actriz. Además, sentía –y no se equivocaba– que el análisis había perdido por completo el encuadre científico.

Gradualmente, Ralph –Romeo, como era su verdadero nombre– pasó de psicoanalista a padre, hermano, madre y hasta amante y representante artístico de la diva. Debía romper el círculo vicioso en el que habían entrado ambos, y decidió partir hacia Europa. Le pidió a su colega Milton Wexler que se hiciera cargo de ella, y se marchó. Wexler era, al decir de Michel Scheneider, el analista de las estrellas y la estrella de los analistas; en suma, el terapeuta más prestigioso de Hollywood en aquellos años.

Scheneider regresa sobre aquel momento:

"Wexler se crispó. Volvía a pensar en ese mes de mayo de 1962 en el que, unas semanas antes de morir, Marilyn le había sido confiada por su colega Greenson como si se tratara de un animal doméstico al que dejas en casa del vecino para marcharte tranquilamente de vacaciones. 'A veces me pregunto si voy a poder seguir con ella –había dicho Ralph, desamparado–. Me he convertido en prisionero de este tratamiento. Pensé que mi método le sentaría bien. Pero es ella la que no me sienta bien a mí'. 'Vaya con Romeo. Ya puede despedirse de su Julieta', pensó Wexler".

Tampoco la vida profesional de Marilyn atravesaba un buen momento. Después de su abandono intempestivo del rodaje para viajar a Nueva York a cantarle el Feliz Cumpleaños a John, la Fox decidió rescindirle el contrato e iniciarle una demanda por incumplimiento. Los productores estaban hartos de su indisciplina y, además, no podían permitirse seguir incrementando las deudas. Se habían filmado 34 minutos de película y los empresarios decidieron terminarla cambiando de actriz. Para colmo, "Cleopatra" seguía de demora en demora.

Cuando la Fox le comunicó a Dean Martin la decisión tomada, el actor, que además de sentir un gran cariño por Marilyn, era un leal integrante del clan Sinatra, se opuso terminantemente a continuar el rodaje sin la diva. La productora, entonces, debió volver sobre sus pasos, reincorporar a la actriz y desistir de la vía judicial. Todo, sin embargo, iba a llegar irremediablemente tarde.

Peligros inminentes

El desembarco en Playa Girón, no por haber fracasado en sus objetivos había cambiado la táctica de ambas potencias, ni la profunda desconfianza mutua, alentada por hechos concretos. Para John Fitzgerald Kennedy la experiencia fue traumática, sí, pero eso no lo había hecho desistir de sus intenciones últimas: barrer con el régimen comunista de la isla. Matar a Castro era un camino que, de momento, se le había mostrado esquivo y que, según algunos consejeros del presidente, tampoco garantizaba una segura caída del régimen. El sendero más apropiado continuaba siendo la lisa y llana invasión a Cuba. Una operación rápida y triunfante, habría de cerrarle los caminos tanto a una eventual respuesta soviética cuanto a la resistencia del ejército de la revolución. Robert McNamara, ministro de Defensa y cerebro militar de la administración Kennedy, insistía en que la confrontación nuclear entre ambas potencias no era más que un juego de dados entre dos tahúres. Nadie lanzaría el primer ataque porque el juego tenía características de boomerang: tres minutos después del disparo, un misil enemigo partiría desde el otro lado y nadie quedaría para contarlo. A esas alturas de la escalada armamentista, soviéticos y norteamericanos tenían tal poder de fuego que cualquiera de los dos hubiese podido destruir al planeta al menos una decena de veces. Por ello, la postura de McNamara, la CIA e incluso el Pentágono era apostar a la táctica de los hechos consumados. Invadir la isla y luego discutir con los soviéticos. Tenían los elementos y había sonado la hora, al menos eso creían ellos. No podían fallar.

En una entrevista con Ignacio Ramonet, dice el propio Fidel Castro:

"En 1962, había aquí cuarenta y dos mil soldados soviéticos, y nosotros teníamos casi trescientos mil hombres en armas. No estábamos dispuestos a aceptar una nueva agresión contra Cuba. Era triste y doloroso, pero nosotros no lo íbamos a permitir. Las unidades soviéticas estaban aquí para ayudarnos a repeler una nueva invasión que esta vez, después de la derrota de los mercenarios en

Girón, iba a ser sin dudas directa, hecha por unidades norteamericanas. El peligro era inminente".

Como ya había pasado con el asalto a Bahía de Cochinos, la CIA, esta vez dirigida por un hombre de Kennedy y supervisada por Robert, fallaría nuevamente en sus predicciones, y antes que eso, en su información básica. La KGB había filtrado el proyecto en danza y, tal como demuestran las palabras de Castro, esperaban la operación bien pertrechados.

Pero ni Moscú ni Cuba se habían conformado con aguardar a las fuerzas de asalto norteamericanas con un ejército bien armado. Soviéticos y cubanos estaban montando misiles estratégicos nucleares SS-4, listos para ser disparados sobre Washington si las cosas se ponían difíciles. De muchas maneras, el Soviet Supremo compartía la visión del engominado McNamara: era un juego de tahúres.

Pero hasta el 16 de octubre de ese año, en que un avión espía U-2 fotografió las rampas de lanzamiento de los misiles, el gobierno, la CIA y el Pentágono seguían preparando el asalto sobre la isla. Desde luego, no eran tiempos en los que se pudiesen tolerar infidencias hechas por el presidente y su fiscal general entre las sábanas de una mujer ofendida.

La rubia platinada era tan peligrosa como los misiles.

Buenos muchachos

Para peor, en esos últimos días de mayo, el FBI, que conocía muy bien los vínculos históricos que el clan Kennedy había tenido con la mafia, andaba detrás de un hombre que, ellos creían, podía tener información calificada y sumamente comprometedora para el presidente.

El mafioso, supuesto propietario de dicha información, era un tal Roselli, que habría grabado en el dormitorio de Marilyn conversaciones de la actriz con sus dos prominentes amantes. El mafioso, hombre de los "sindicatos" y de la banda de Giancana, era un desconocido para la gente de Hoover, pero no para la CIA.

Johnny Roselli, Johnny *el Hermoso* o Johnny *el Guapo*, tenía ya en esos tiempos un prontuario amplísimo. Era un italiano que había llegado a los Estados Unidos en 1911 junto a sus padres, y se habían establecido en Somerville, Massachusetts, cerca de Boston y cerca de los Kennedy. En 1922 la familia en pleno debió huir a Chicago, ya que la policía buscaba a don Filippo Sacco, padre de Johnny, por un asesinato que había cometido. Allí Filippo, en un alarde de lustre cultural, cambió su apellido, eligiendo el de Roselli, en honor de Cósimo Rosselli, el escultor renacentista. Ese mismo año, Johnny se convirtió en miembro de la "Indumentaria de trabajo", la banda de Al Capone.

Saltó luego a Los Ángeles, conoció al productor de cine Bryan Foy y juntos fundaron una nueva productora cinematográfica. Johnny entraba al mundo del cine, al tiempo que escalaba jerárquicamente en la banda de Capone.

Luego de experiencias diversas que incluyen algunas temporadas en prisión, el servicio en el ejército de los Estados Unidos y chantajes varios, Johnny regresó al mundo del cine. Aportando una fuerte suma de dinero en la Columbia Pictures, se asoció con su director, Harry Cohn, y juntos firmaron un contrato por varios años con la desconocida Marilyn Monroe.

Hacia los años 50, *el Hermoso* ya manejaba casi todos los casinos de la "Indumentaria" en Las Vegas y Nevada, al tiempo que su relación con Capone se volvía más estrecha.

Su jefe, Sam Giancana, le había asignado a Johnny la delicada tarea de repartir las ganancias que dejaba el juego entre los distintos jefes de las familias mafiosas, y *el Guapo* había hecho un trabajo impecable. Ya se había alejado del negocio del cine, si bien producía algunas películas por su cuenta. En los años 60, la organización de Capone había comenzado a trabajar codo a codo con la CIA.

Johnny Roselli había sido contactado en Las Vegas, en agosto de 1960, por Robert Maheu, un hombre de la Agencia y ex agente del FBI, que por entonces estaba coordinando una misión para eliminar a Fidel Castro. Necesitaba contar con alguien que tuviese contactos confiables en La Habana, y Maheu sabía que Roselli era uno de los jefes de la Cosa Nostra de Chicago que controlaba Las Vegas, que ya había manejado negocios millonarios en La Habana pre-revolucionaria, y que pertenecía a la banda que tenía a Sam Giancana como máximo jerarca, apenas un paso detrás de Al Capone.

Efectivamente, el hombre conocía "gente cubana" capaz de hacer el trabajo. En la reunión que tuvo en el Hilton Plaza Hotel de Nueva York, en septiembre, Roselli le dio a Maheu el nombre de quien se habría de ocupar del asunto. Después, rechazó los 150.000 dólares que le ofreció el agente.

Juan Orta se llamaba el elegido. Se ocupaba del juego clandestino en la isla y seguía teniendo acceso directo a Fidel Castro.

Finalmente acordaron con Orta. Se encargó un "trabajo limpio", sin armas de fuego. El agresor debía introducir una cápsula letal en la comida o bebida del líder revolucionario. La CIA le entregó seis píldoras y aguardó noticias. Pero Orta no pudo cumplir con la misión. Si se acobardó, o fue descubierto por el servicio secreto cubano nunca se supo. Lo cierto es que pidió ser relevado de la tarea y desapareció para siempre. Y, paradojas de la vida, Johnny Roselli fue uno de los hombres que, según se cree –aunque no se pudo probar nunca– organizó el atentado que, en Dallas, se llevó la vida de John Fitzgerald Kennedy.

Escotes y misiles

Paralelamente al trabajo conjunto que Giancana realizaba con la CIA, el jefe mafioso trazaba estrategias para vengar la traición sufrida a mano de los Kennedy luego de las elecciones presidenciales. El enojado Sam repetía que los cien mil votos de diferencia que habían llevado a Jack a la Casa Blanca, los habían conseguido sus muchachos por intermedio de los sindicatos.

Enfurecido, el gangster proclamaba que los Kennedy en vez de pagarle por su trabajo se habían dedicado a perseguirlo, con lo cual él tenía derecho a tratar de sacarlos del sillón presidencial y de la fiscalía, y no se cuidaba de hablar en voz baja.

El FBI y el propio presidente conocían las intenciones de Giancana y sabían de su cerrada perseverancia cuando se proponía un objetivo. Por eso, apenas apareció el nombre de Roselli se encendieron todas las luces rojas. No sabían quién era, pero sí que integraba la banda de Sam.

La persecución fue infructuosa. Los hombres de Hoover no dieron con Johnny, y si lo hicieron, comprobaron muy pronto que el dichoso micrófono entre las sábanas de Marilyn, no existía más que en la imaginación de los sabuesos del jefe de los espías. Y si existía, ellos eran incapaces de encontrarlo.

Así, al terminar julio de 1962, entre escotes indignados, mafiosos y misiles, una gran agitación se había desatado en la cima del poder norteamericano. Agitación que nublaba mentes, engendraba fantasmas y ablandaba gatillos.

Pocos sabían con claridad, quién estaba de un lado y quién del otro, lo cual, era el peor de los escenarios.

Y como siempre sucede, cuando los de arriba se desorientan, los de abajo deben cuidarse. Y entre los que debían ser precavidos estaba aquella chica nacida en Los Ángeles, que miraba hacia Washington con una emoción que excedía el simple entusiasmo patriótico.

Capítulo VII
Requiem para una rubia

A las nueve y media de la mañana del domingo 5 de agosto de 1962, una nube de periodistas y fotógrafos atestaban ese callejón sin salida que es Fifth Helena Drive. Cuatro horas antes, un radioaficionado había interceptado una llamada hecha a la policía local en la que se informaba: "Marilyn Monroe ha muerto". Inmediatamente, el hombre comenzó a llamar a los medios.

El que había discado el teléfono era Hyman Engelberg, el médico a quien Greenson confiara la salud física de la actriz. En el Departamento de Policía de Los Ángeles Oeste, fue el sargento Jack Clemmons quien debió escuchar el increíble anuncio. Más tarde se sabría que lo que el radioaficionado interceptó, no fue la llamada sino un pedido de refuerzo que Clemmons hizo a un patrullero mientras se dirigía hacia la casa de Marilyn, a las cuatro y media de la mañana.

A medianoche, tal cual informaron al policía, Ralph Greenson y Hyman Engelberg –quienes se hallaban junto a la cama de la actriz–, Marilyn se había suicidado con una sobredosis de barbitúricos. Sobre la mesa de noche estaba el frasco vacío de Nembutal, que Greenson le mostró a Clemmons, pero no se veía por ninguna parte un vaso que contuviese el líquido con el que la diva debió ingerir las cápsulas. Junto a los médicos, se hallaba también Eunice Murray, ama de llaves de Marilyn Monroe. El policía observó con cuidado la escena y la describió así tiempo después, según consigna Donald Wolfe:

"Estaba acostada boca abajo, en la postura que yo llamo *de soldado*. La cabeza sobre la almohada, los brazos a los costados, el brazo derecho ligeramente torcido. Las piernas estiradas perfectamente rectas".

Y añade Wolfe que el policía:

"...Pensó de inmediato que la habían colocado de esa manera. Había visto una cantidad de suicidas, y a diferencia de lo que se cree comúnmente, una sobredosis de píldoras para dormir causa convulsiones y vómitos hasta que sobreviene la muerte, y el cuerpo aparece contorsionado".

Cuando Jack Clemmons quiso saber cómo se habían dado los sucesos, Eunice Murray informó que cuando ella se fue a la cama, alrededor de las diez de la noche, Marilyn estaba en su cuarto, con la luz encendida y la puerta cerrada, tal vez hablando por teléfono con algún amigo. Cerca de la medianoche, ella, el ama de llaves, se levantó para ir al baño, y viendo por debajo de la puerta del dormitorio de la diva que la luz seguía encendida, pensó que algo no estaba bien. Tocó a la puerta pero no recibió respuesta; luego trató de abrirla pero estaba cerrada con llave. Entonces, llamó a Greenson, alarmada. El psiquiatra llegó unos minutos más tarde e ingresó al dormitorio rompiendo el cristal de la ventana con un atizador. Encontró el cuerpo de Marilyn sobre la cama, con el teléfono en la mano, como si hubiera intentado, en el último momento, pedir auxilio.

Algo huele mal

Todo sonaba demasiado extraño para el sargento Jack Clemmons. Para empezar, por qué habían mediado cuatro horas de diferencia entre el momento en que se halló el cadáver y el llamado a la policía. Ante la consulta del policía, los médicos adujeron que debían esperar la autorización del departamento de publicidad de la Fox para dar a conocer el hecho.

Antes de todo esto –según consigna Wolfe en su meticulosa investigación sobre el caso–, Abe Landau y su esposa, cuya residencia estaba pegada a la de Marilyn, vieron una ambulancia y un patrullero estacionados frente a la casa de la actriz, el sábado a la noche, a la hora en que ellos regresaban de una cena con amigos. Otros vecinos contaron también que, cerca de la medianoche, oyeron gritos y ruido de vidrios rotos, provenientes del 12305 de Fifth Helena Drive.

Algunos minutos antes de las doce de la noche del sábado 4 de agosto, Lynn Franklin, un agente de la policía de Beverly Hill, vio pasar un Mercedes Benz oscuro que, fuera del límite de velocidad máxima, corría por el Olympic Boulevard en dirección Este. Inmediatamente Franklin encendió la sirena y comenzó a perseguir al auto. Cuando éste se detuvo, el policía descendió de su automóvil y se acercó al Mercedes con su linterna en la mano. Dice Wolfe:

"De inmediato reconoció al conductor: era el actor Peter Lawford. Dirigiendo la luz de la linterna a los dos hombres sentados en el asiento posterior, se sorprendió al ver al fiscal general de los Estados Unidos, Robert Kennedy, sentado al lado de un tercer hombre a quien más tarde identificó como Ralph Greenson. Lawford explicó que iba conduciendo al fiscal general al hotel Beverly Hilton por un asunto urgente".

Sin embargo, de acuerdo con toda la información periodística de la época, Bobby junto a su esposa y sus hijos, habían llegado a San Francisco el viernes 3 de agosto por la tarde y, alojados en la finca de John Bates, pasaron allí todo el fin de semana. Luego, toda la familia habría de marcharse hacia el estado de Washington, donde pensaban disfrutar de unos diez días de vacaciones.

Nada sonaba convincente, y menos aún, cuando las declaraciones hechas a Clemmons comenzaron a cambiar con el transcurso de las horas.

Marilyn Monroe había estado demasiado cerca de las sentinas del poder, las conocía, había registrado algunas de sus formas y, lo peor de todo, estaba decidida a ventilarlas. Ese fue su peor error. Ignoraba que en esos territorios, la vida y la muerte son apenas circunstancias que dependen de razones fortuitas. Y nunca se sabe quién oprimirá el gatillo.

Lo cierto es que hacia el mediodía del domingo 5 de agosto, la hora de la muerte de la rubia ya se situaba en torno de las tres y media de la mañana del domingo, y no a medianoche. Ya no había sido la luz por debajo de la puerta del dormitorio, sino un cable de teléfono lo que alertó a Murray. Tampoco fueron las necesidades fisiológicas las que sacaron al ama de llaves de la cama, sino esa fuerte intuición con la que la había dotado el hecho de nacer bajo el signo de Piscis. También, milagrosamente, un vaso había aparecido horas después de que el sargento Jack Clemmons abandonara la casa del callejón sin salida.

A mediodía, entonces, mientras periodistas, fotógrafos y curiosos pugnaban por trasponer las enormes puertas de madera que protegían la intimidad de la actriz, Greenson, Engelberg y Eunice Murray, les decían a los investigadores cosas diferentes de lo que le afirmaran al sargento Clemmons. Cerca de las cinco y cuarenta cinco de la mañana del domingo, los hombres de la funeraria Westwood Village llegaron hasta el 12305 a recoger el cuerpo. Al tratar de colocarlo sobre la camilla de metal, Guy Hockett, propietario de la funeraria, notó que el *rigor mortis* estaba ya avanzado; método infalible para determinar la hora de la muerte. Escribe Wolfe:

"Entre la muerte y las primeras catorce horas, los músculos se contraen y se ponen duros como rocas. Hockett recordaba que pusieron el cadáver en la camilla entre las cinco y media y las seis. Calculaba que ella había muerto aproximadamente entre seis y ocho horas antes, es decir, entre las veintiuna y treinta y las veintitrés y treinta del sábado".

O sea, ni a las cero treinta, ni a las tres o tres y media del día domingo. La ambulancia y el patrullero en la puerta de Marilyn el sábado por la noche, y el Mercedes Benz corriendo hacia el este por Olympic Boulevard, comenzaban a cobrar sentido.

Nada cierra

Después de ciertos tironeos y discusiones con la funeraria, el departamento forense del estado de Los Ángeles logró hacerse del cadáver para comenzar la autopsia. La primera conclusión llegó muy pronto: efectivamente, Marilyn Monroe había muerto como producto de una descomunal dosis de barbitúricos. El toxicólogo halló en la sangre 4,5 miligramos de pentobarbital (*Nembutal*, según su nombre comercial) y 8 miligramos de hidrato de cloral. En tanto, en el hígado, se encontraron otros 13 miligramos de pentobarbital. Una concentración desproporcionadamente grande.

Para los médicos, no resultaba posible que tamañas dosis hubiesen sido ingeridas por vía oral, de modo que fueron enviados el estómago, los riñones y los intestinos a que se les hiciera un análisis toxicológico.

El resultado nunca llegó, y los órganos desaparecieron. Pese a todo, Thomas Noguchi, el examinador médico designado para la autopsia, supo inmediatamente que tal concentración de droga en la sangre no podía haber llegado allí por ninguna otra vía no fuera la intravenosa. Por vía oral o rectal (supositorio o enema) la muerte hubiese sobrevenido mucho antes de que se produjera la absorción de tamaña dosis. Sin embargo, no existían señales de pinchazos en el cuerpo y tampoco en el dormitorio de Marilyn se había descubierto ninguna hipodérmica. Existían sí, en el cuerpo, magulladuras, o zonas amoratadas que eran claros indicios de violencia antes de la muerte.

A los efectos de presenciar la autopsia, la fiscalía había enviado para que colaborara con Noguchi a John Miner, asistente del fiscal especialista en medicina legal y psiquiatría. Él habría de ser quien muchos años más tarde entregaría a *Los Angeles Time* las transcripciones de las cintas grabadas que le permitió escuchar Greenson. Miner conocía largamente al psiquiatra de Marilyn porque ambos eran compañeros en el Instituto Psicoanalítico de Los Ángeles.

La certeza de Noguchi respecto de que la droga no había ingresado al cuerpo por vía oral o rectal, se basaba además en que, antes de enviar los órganos al estudio toxicológico, él y Miner habían hecho su propia inspección. No encontraron droga en el estómago y tampoco en el duodeno.

Las cosas empezaban a resultar obvias.

En principio, la posición del cuerpo de Marilyn no era la que tenía a la hora de la muerte; alguien la había acomodado así. En segundo lugar, no podía haber sido ella sola la que se inoculó semejante dosis. En tercer término, su muerte se había producido en las últimas horas del sábado, casi seguramente antes de las once de la noche.

Quedaba además un crucial interrogante: ¿en qué lugar estaba Bob Kennedy el sábado 4 entre las nueve y las doce de la noche?

John Bates, dueño de la finca y amigo de Bobby afirmó que estuvieron juntos en todo momento. El sacerdote de la parroquia de la localidad de Gilroy, donde estaba la finca, a 90 kilómetros de San Francisco, afirmó que tanto Bob como su familia asistieron a la misa que él celebró a las nueve y media de la mañana del domingo 5 de agosto.

Pero, Donald Wolfe, apunta:

"En el proceso de su investigación del caso Monroe, sin embargo, Thad Brown descubrió algo alarmante: el fiscal general sí había estado en Los Ángeles el sábado 4 de agosto. El hermano de Thad, el detective Finis Brown dice: 'Hablé con contactos que vieron a Kennedy y Lawford en el hotel Beverly Hilton el día en que ella tomó la sobredosis. Le di la información a Thad, y él me dijo que ya había sido informado al respecto. Él sabía que Kennedy estuvo en Los Ángeles esa noche, y se lo dijo al jefe Parker'".

William Parker, jefe del Departamento de Policía de Los Ángeles, estaba convencido de que él habría de ser el nuevo jefe del FBI, porque el propio Bobby se lo había dicho. De modo que, apenas recibió de Thad Brown tamaña información acerca del paradero del fiscal general la noche de la muerte de Marilyn, tomó una conveniente (para él) resolución: sacó a Brown del caso.

Que Marilyn Monroe haya estado aferrada al teléfono cuando Ralph Greenson encontró el cuerpo, suena decididamente improbable. Si la diva hubiese querido pedir auxilio tenía a Eunice Murray en el cuarto contiguo al suyo; no necesitaba hacerlo por teléfono.

Sin embargo, era evidente que Marilyn sí había hecho varias llamadas antes de morir. Quiénes habían sido sus interlocutores era un dato central para la investigación. Pero la cinta con los registros de las llamadas que tenía la compañía telefónica fue incautada rápidamente por agentes del FBI… y nunca más se volvió a saber de ella.

La policía confirmó sin embargo que Henry Rosenfeld –amigo de Marilyn– fue uno de los que sí habló con ella; otro fue Peter Lawford, y otro Joe Di Maggio. También Sidney Guilaroff, su peluquero, y, además, José Bolaños.

Pocos minutos antes de morir, Marilyn Monroe recibió otra llamada, pero nadie supo de quién; ya no estaban disponibles las cintas con los registros como para conocer el número telefónico desde el que partió la misma.

Por último, también el famoso "diario rojo" desapareció del fichero del chalet de huéspedes. No desapareció, en realidad, sino que fue entregado por el ama de llaves a alguien que dijo ser agente de la oficina del fiscal. Pero, en rigor, nunca más apareció.

Nadie quiere olvidar

Las sospechosas circunstancias que rodearon la muerte de Marilyn aquel sábado de 4 de agosto, la presencia de Bob Kennedy –confirmada luego por él mismo en sus declaraciones a la policía– en casa de la actriz poco tiempo antes del deceso, la desaparición del diario rojo y la siempre omnipresente sombra del FBI y la CIA, no podrían lograr que la cuestión se enterrase definitivamente luego de que la policía cerró oficialmente el caso.

Una y otra vez la prensa volvió sobre la cuestión, una y otra vez periodistas dedicados a la investigación recalaron en el tema y se escribieron numerosos libros al respecto. Hubo también quienes, como Donald Spoto (autor de *Marilyn Monroe: La Biografía*), procuraron lavar la imagen de los Kennedy.

No le fue bien a Spoto porque eligió el camino de rebatir evidencias casi incontrastables, descalificando a quienes las sacaron a la luz. Tampoco acertó con los autores del supuesto asesinato y las motivaciones que los llevaron a ello. Adujo que entre Ralph Greenson y Eunice Murray habían envenenado a Marilyn porque habían sido despedidos por la diva. De todas las teorías y especulaciones hechas en torno de la muerte, esa es la más inconcebible.

Sin embargo, y aunque la mano de los Kennedy y sus servicios de inteligencia resulte poco menos que innegable, es bastante menos seguro que hayan sido las propias actitudes de la diva las que empujaron el desenlace.

Desde mediados de los años 50 en adelante, como ya ha quedado dicho, el vínculo entre los Kennedy y la mafia, entre la mafia y la CIA, y entre la CIA, la mafia y el partido gobernante de turno, eran absolutamente estrechos, peligrosos y sin lealtades de por medio. Las alianzas mutaban de acuerdo a las necesidades de cada quien en momentos determinados.

En ese contexto, y junto a personajes como Roselli o Giancana, operaba un jefe mafioso con características singulares: Jimmy Hoffa. ¿Quién era y por qué lo citamos?

Un "pedazo de carne"

James Riddle Hoffa era un joven y carismático chofer de camiones cuando en 1929 tomó la bandera de la sindicalización obrera en los Estados Unidos. El abuso patronal, la falta de derechos para los trabajadores del transporte y los salarios de miseria (era la época de la Gran Depresión) llevaron rápido a Jimmy a la categoría de líder sindical indiscutible del gremio de los camioneros. Era 1931 y el rubio y ya notable dirigente tenía apenas dieciocho años.

No eran, sin embargo, tiempos sencillos para inaugurar el sindicalismo en un país fundado y crecido sobre la base del individualismo y las capacidades personales como único sendero hacia el bienestar. Pronto Jimmy supo que ninguna de las grandes empresas de transporte jugaba con balas de salva, y decenas de matones a sueldo salieron a romper sus huelgas, golpear a los manifestantes y amedrentar a los afiliados del nuevo gremio. Acorralado, Hoffa tomó la peor decisión posible: hizo un acuerdo con la mafia en el que el sindicato le permitía a aquella blanquear dinero ilícito a cambio de protección y apoyo. Poco a poco, el propio Jimmy se convirtió no sólo en integrante, sino en uno de los jefes de las organizaciones mafiosas. Su mentor, Tony Provenzano, era el largo brazo armado del sector más radical del Partido Republicano.

La llegada de los Kennedy al poder trajo consigo una cuestión a resolver para Hoffa; Bobby se había empeñado en perseguir a Giancana y su gente, luego de traicionarlo, y en el embate, cercenaba los negocios de Jimmy.

A medio camino entre la legalidad y la clandestinidad, Hoffa creyó que su mejor salida era cabalgar sobre la gran debilidad de los hermanos Kennedy: las mujeres.

Decidió, entonces, contratar a dos detectives, Fred Otash y John Danoff, a fin de que encontraran "lo necesario" para hundir en la ignominia a quienes, ya en ese tiempo, libraban una verdadera batalla campal contra el líder de los camioneros.

Años más tarde, en una de las tantas investigaciones periodísticas que se hicieron en torno de la muerte de Marilyn, Sylvia Chase que trabajaba para la cadena ABC, localizó a Otash y logró entrevistarlo. Allí, el detective confirmó que, contratado por Hoffa, había colocado cuatro micrófonos en la casa de la playa de Peter Lawford, lugar en el que tanto John como Bob Kennedy se encontraban con la diva. "Disponíamos de muchas grabaciones de Marilyn y Jack haciendo el amor", dijo en un momento Otash. También de los encuentros amorosos entre Bobby y la actriz tenían abundantes evidencias sonoras.

En la conversación con la reportera, el detective contó que también en casa de Marilyn Monroe tenían micrófonos y que estuvieron instalados hasta la muerte de la actriz. En la cinta grabada de ese sábado, se escucha una fuerte discusión entre Bobby y Marilyn. Dice Otash:

"Tuvieron una discusión tremenda. Ella decía: '¡Siento que me han pasado de uno a otro! ¡Que fui usada! ¡Me siento como un pedazo de carne!'".

Marilyn había perdido los estribos, estaba furiosa, echó de su casa a Robert y le dijo que nunca más quería volver a verlo. Angustiado tanto por la posibilidad de que ella divulgase los vínculos amorosos mantenidos con él y con John, como por la posibilidad cierta de que Jimmy Hoffa dispusiese de evidencia confirmatoria, como efectivamente tenía, Bobby trató de comunicarse con su hermano, pero no pudo hallarlo.

Optó, entonces, por volver a llamar a Marilyn intentando calmarla. Esa fue la llamada final que nadie supo quién había hecho.

Todos saben, todos escuchan

Curiosa y paradójicamente, Hoffa sabía exactamente lo mismo que el FBI. También la gente de Edgar Hoover había plantado micrófonos en las casas de Marilyn y de Lawford. El sindicalista y los espías conocían pormenorizadamente la relación de ambos hermanos con la diva. Sabían, que al momento en el que Jack dejó de atender la línea directa que Marilyn tenía con el Salón Oval, el presidente le pidió a su hermano menor que se ocupara de "sacársela de encima".

John Kennedy había tomado aquella decisión cinco meses antes del fatídico 4 de agosto. En ese momento, la rubia diva había viajado a México y el FBI, que le seguía los pasos con obsesión, registró cada movimiento en tierra azteca.

Los encuentros en Cuernavaca con Frederick Vanderbilt Field, el millonario ex miembro del Partido Comunista estadounidense; las tórridas noches junto a José Bolaños, el apuesto guionista mexicano, diez años menor que ella, que la deslumbró inmediatamente; sus largas charlas con Luis Buñuel que estaba en México rodando "El ángel exterminador"; sus expresiones a favor de la clase obrera, en contra del armamentismo, y a favor de que se le permitiera a Fidel Castro gobernar a Cuba durante un tiempo y se lo juzgara después... Todo ello era información pesada para los investigadores del FBI, que nunca tienden a creer en casualidades, en el azar de las relaciones o en ingenuas elecciones de vida. Un tramo de los largos informes del FBI, desclasificados en octubre del año 2006, dice:

"Marilyn Monroe, la estrella de cine, estuvo recientemente de vacaciones en México y mientras estuvo allí se asoció estrechamente con miembros del American Communist Group in Mexico (ACGM). La fuente caracterizó a la ACGM como una asociación indefinida de naturaleza predominantemente social de actuales y/o pasados miembros del Partido Comunista de los Estados Unidos, cuyos amigos y asociados comparten una simpatía común por el comunismo y la Unión Soviética".

Cuando toda esta información llegó a manos de John Kennedy, y las advertencias de Hoover respecto de la "inconveniencia" del romance se hicieron más terminantes, el presidente optó por concluir el vínculo.

No era que John pensase que las tendencias izquierdistas de su rubia amante fuesen un peligro real; lo que en verdad lo preocupó fue la posibilidad de que sus amistades se valieran de ella como fuente de información.

Cuando Bobby escuchó el pedido de su hermano, decidió que ante el enojo de Marilyn por el silencio de Jack, debería ser él quien hablase con ella. Noche tras noche, antes de abandonar la Casa Blanca, Robert Kennedy telefoneaba a Marilyn Monroe y las largas conversaciones respecto de las "razones de Estado" que atenazaban a John, fueron derivando hacia aspectos más íntimos y amorosos entre él y ella. Al poco tiempo, Robert y Marilyn, prácticamente hacían el amor por teléfono.

Un par de semanas después del pedido de su hermano mayor, Bobby comenzó a visitar frecuentemente el 12305 de Fifth Helena Drive. Y como sabemos, los micrófonos en los dormitorios y en los teléfonos ya estaban allí. Marilyn no sabía que tenía un vasto auditorio que ella jamás habría elegido.

Capítulo VIII
La otra muerte

Para los norteamericanos medios, y también para sus dirigentes, Washington y Hollywood siempre estuvieron muy cerca. Ronald Reagan habría de ser como la consumación oficial de ese concubinato, pero, desde luego, el *affaire* entre la meca del cine y la meca del poder político mundial se mantuvo a lo largo del tiempo, al menos a partir de la mitad de la década de 1940.

También los "amoríos" de la mafia con el mundo del espectáculo y el mundo de política fueron una constante de aquellos años. La CIA se fundó en 1949 y, para entonces, la aceitada organización de la Cosa Nostra significaba una poderosa ayuda para la flamante agencia de informaciones.

Esta historia de "obscenos concubinatos" rodeó y signó la vida de dos de los protagonistas más excluyentes de la mitad del siglo XX en los dos ámbitos primero mencionados John Fitzgerald Kennedy y Marilyn Monroe. Y el sistema los elevó, les dio placeres, popularidad y dinero, para luego cobrarles con la vida tanto a una como al otro.

Tal como es habitual cuando la clandestinidad opera como telón de fondo de los vínculos humanos, la información suele ser esquiva, intencionada o sesgada hacia un costado o hacia el otro. Y éste es un caso paradigmático en tal sentido. Decimos esto por las aparentes contradicciones de fechas y lugares en la sucesión de encuentros entre ambos amantes principales, a pesar de que aquí ponemos el acento en las implicancias secundarias del romance y no en su (improbable) cronología exacta.

Existen fuentes (Donald Wolfe) que sitúan el primer encuentro entre Marilyn y Jack en 1951, en casa de Charlie Feldman, agente de publicidad de la diva. Allí, John Kennedy, Grace Dobish, Marilyn Monroe y el propio Feldman compartieron una cena y la actriz y el senador se cruzaron por primera vez.

Luego, ya en 1954, en la misma casa, Kennedy y Jacqueline, estuvieron juntos en la mesa con Peter Lawford, Pat Kennedy, Marilyn Monroe y Joe Di Maggio. Wolfe afirma que luego de la reunión, la diva le contó a su amigo Bob Slatzer que John no le había sacado los ojos de encima durante toda la cena y que, advertido Di Maggio de la situación, enfureció y se llevó a Marilyn del brazo.

Por esa época, según Arthur Jones, amigo de Monroe, el senador y la diva solían verse con frecuencia en Malibu. Allí, iban a beber al Malibu Cottage, un bar de mala muerte, y se alojaban en Holiday House, un hotel de la costa.

Otros encuentros, también anteriores a la reunión en casa de Lawford y Pat habrían ocurrido en Los Ángeles, durante la Convención Demócrata que depositó a John Kennedy en la candidatura presidencial, en 1960. Allí, en el hotel en que se alojaba el todavía precandidato, Jack y la diva habrían tenido algunos encuentros amorosos, y también en la casa de la playa de Lawford.

Señala Wolfe, que la noche del día en que John fue electo como candidato demócrata, se llevó a cabo un festejo en casa de Lawford y Pat. Escribe el periodista:

"Peter Summers confirmó que Marilyn y Jack estuvieron juntos esa noche en lo de Lawford. La celebración duró hasta la madrugada, mientras Case y Ahern y otros oficiales de seguridad de Parker montaban guardia. Frank Hronek era el oficial jefe y él recuerda que en el curso de la velada, la fiesta se puso ruidosa. Desde la playa alcanzaron a ver a un grupo de muchachas desnudas, provistas por una bien conocida madama de Hollywood, que corrían alrededor de la piscina. 'A culo limpio', como dijeron los policías".

Desde luego, Jacqueline Kennedy no había podido asistir a la Convención, y es más que probable que tampoco lo hubiese hecho de haberle sido posible. En éstas y en otras reuniones, pocas veces faltaban las manos ocultas o visibles de Frank Sinatra o de Sam Giancana, el jefe mafioso que tanto había colaborado para que el candidato de los Kennedy llegase a la presidencia. Sea como fuere, John Figtzgerald y Marilyn Monroe había llevado adelante un vínculo tormentoso y plagado de imposibilidades. El propio Bob lo admitió, así como admitió su propia relación sentimental, al declarar ante la policía luego de la muerte de Marilyn. La cantidad de datos oscuros, de informaciones tergiversadas, de cambios de declaraciones y de desapariciones misteriosas, en torno del supuesto suicidio de la actriz, dejaron en evidencia los fuertes intereses que giraron alrededor del hecho y de la víctima.

Casualmente, lo mismo ocurrió luego de aquel mediodía del 22 de noviembre de 1963, cuando John Fitzgerald Kennedy fue abatido en Dallas mientras saludaba desde un coche descapotable. Esa vez, la CIA, la mafia y el propio Partido Demócrata quedaron en entredicho. Tanto como con la muerte de Marilyn, nada se supo a pesar de los múltiples intentos que, en uno y otro caso, hubo para que se reabrieran las investigaciones.

Enemigos múltiples

Al concluir 1962, John Kennedy había desgastado buena parte del capital político con el que llegara a la presidencia. La invasión a la Bahía de Cochinos por un lado, el sonoro fracaso de la Alianza para el Progreso por otro, y la imposibilidad de lograr una unión europea que funcionase como bloque y le entregase a los Estados Unidos la interlocución del "mundo libre" con el bloque comunista, había desatado una fuerte ola de críticas del Partido Republicano. Se acusaba a Kennedy de llevar una errática política exterior, y no les faltaba algo de razón.

Al comenzar agosto, la sospechosa muerte de Marilyn Monroe había sido un nuevo golpe sobre la cabeza de la administración demócrata. El bombardeo mediático, las intervenciones de la CIA que pronto salieron a la luz y la tarea de espionaje del FBI sobre todos y cada uno de los políticos, artistas e intelectuales, producían cada vez más enojo en la clase dirigente norteamericana.

Por añadidura, el vínculo de Kennedy con su vicepresidente, Lyndon Johnson, se deterioraba vertiginosamente y la aparición, durante ese año, de *Los otros Estados*, el libro de Michael Harrington que denunciaba la creciente pobreza entre los sectores bajos de la sociedad, en la comunidad afroamericana y en los Apalaches oriental, pobreza que se profundizaba en medio de la prosperidad de otros sectores, minaba la popularidad del presidente.

Cuando en octubre, la instalación de misiles soviéticos en Cuba puso a las dos potencias al borde de la guerra nuclear, empezaba a quedar claro que el clan Kennedy iniciaba un camino que llevaba a la tragedia.

Si bien el manejo de la crisis con la Unión Soviética y la resolución final alzaron la popularidad de John a valores que no había alcanzado a lo largo de dos años y medio de mandato, la oposición política, el Pentágono y CIA quedaron convencidos de que el desafío lanzado a la Unión Soviética había sido un acto de irresponsabilidad terminal. Se pregunta Kaspi:

"Antes de lanzar el ultimátum a la Unión Soviética, ¿había agotado Estados Unidos todas las posibilidades de negociación? ¿Qué hubiera pasado si la cuarentena se hubiese aplicado torpemente? ¿Y si Moscú hubiese cometido un error de cálculo? Preguntas todas que ponen la piel de gallina".

Además, hacia finales de año, los ecos periodísticos generados a partir de muerte de Marilyn no se habían acallado aún. Tanto que a pesar de que en octubre el mundo había estado a punto de verse envuelto en una guerra nuclear, fue la noticia de la muerte de la diva y sus posteriores derivaciones la que se alzó con la mayor cobertura periodística de ese período.

También en octubre de ese año, otro conflicto internacional ponía al presidente en la línea de fuego: India y China entraron en guerra y los Estados Unidos apoyaron abiertamente a India.

Los chinos ya no estaban en buenas relaciones con los soviéticos, con lo cual el presidente abrió un nuevo frente de tormenta. Detener al supuesto expansionismo de la China roja en el sudeste asiático se transformó en otro objetivo primordial. La ayuda económica y la decidida acción de la CIA en dichos países constituyeron las primeras medicinas propuestas por John y su equipo. Empero, ni una cosa ni la otra parecían bastar para Vietnam del Sur. La mayor ciénaga militar para los Estados Unidos empezaba a recortarse en el horizonte.

En paralelo, ciertas cuestiones domésticas que preanuncian el atentado de Dallas, se iban recalentando. Por un lado, Robert Kennedy intensificó la presión sobre la

Cosa Nostra, acorralando a personajes como Meyer Lansky, cerebro financiero de la mafia y socio en negocios legales e ilegales de Clint Murchison, el magnate petrolero, y de Lyndon Johnson, vicepresidente de Estados Unidos. Tampoco el poderoso capo de la mafia Frank Costello escapaba del cerco que le tendían los fiscales, capitaneados por Bob. Robert sospechaba con fundamentos, que Edgar Hoover, el jefe del FBI, estaba siendo extorsionado por Costello, quien había obtenido evidencias respecto de la homosexualidad del jefe de los espías. Allí anidaban las razones por las cuales el FBI había tenido eficacia cero en la persecución de la Cosa Nostra.

En paralelo, Lyndon Johnson, representante directo de los intereses de los petroleros de Texas, quienes con sus fortunas habían financiado la carrera política del vicepresidente, sabía que no solamente le sería imposible impedir que una nueva política tributaria anulara los beneficios del recorte de impuestos que los ásperos magnates texanos habían mantenido hasta el momento, sino que ni siquiera habría de acompañar en la fórmula a JFK, cuando este se presentase para la reelección en 1964.

Billie Sol Estes, quien fuera uno de los mayores magnates petroleros de Texas, y uno de los más importantes financista de la carrera política de Johnson, le confesó a dos periodistas franceses (William Reymond y Bernard Nicolas) en el 2003 que fue al enfocar el tema del petróleo cuando JFK firmo su sentencia de muerte. Cristina Frade apunta:

"Tanto Billie Sol Estes como Cliff Carter, otro de los colaboradores grabados, describen a un Johnson ávido de poder que se había aliado con Kennedy por necesidad política, aunque sus respectivos clanes se detestaban. En los meses que precedieron al magnicidio de Dallas, Johnson temía que sus malversaciones financieras y sus vínculos con la Cosa Nostra salieran a la luz y que el presidente se desprendiera de él. Esta posibilidad inquietaba también a los magnates texanos, acostumbrados a que sus fortunas les permitieran dictar la política de los Estados Unidos".

Con la decidida aparición de los chinos en el tablero internacional, la Unión Soviética, que tampoco aprobaba la política de Pekín, dejaba de ser el principal enemigo de los Estados Unidos. Secretamente, entonces –aunque no para los contrarrevolucionarios cubanos de Miami–, la administración demócrata comenzó a ensayar un acercamiento con La Habana. El fin del bloqueo comercial habría de ser la moneda de cambio.

El giro pronto puso en alerta a hombres como Luis Posada Carriles, Jorge Mas Canosa y Eladio del Valle que, en sociedad con la CIA de Miami, organizaban atentados y conspiraciones de todo tipo contra el gobierno de Fidel Castro. David Phililps y Ted Shackley, jefes regionales de la Agencia, oficiaban de coordinadores de los contrarrevolucionarios, y Lee Oswald era un calificado integrante del grupo.

Por otras razones, también se anotaban en la lista de quienes querían ver desaparecer al incómodo presidente, Sam Giancana, Johnny Roselli, Jimmy Hoffa y el sanguinario Jack Ruby. Unidos todos detrás de una misma causa: los graves perjuicios económicos que les estaba produciendo la administración de los Kennedy. Giancana, además, tenía una vieja factura por cobrar.

La mafia no era el único cliente que hacía fila frente a la ventanilla del presidente; también la CIA tenía acreencias con John Kennedy. Una serie de operaciones encubiertas de la Agencia habían terminado en fracaso o en escándalo y Jack estaba convencido de que sólo una fuerte reestructuración del organismo habría de llevarlo al nivel de profesionalización que él pretendía. Las quejas de Kennedy al respecto eran cada vez más sonoras, en especial en lo referente al vínculo que la Agencia mantenía con la Cosa Nostra. No era un secreto para ningún espía el objetivo presidencial, y menos aún para Allen Dulles, el director del organismo desplazado luego de Playa Girón, que seguía operando desde las sombras.

Por fin, y como si todo esto no fuese suficiente, los poderosos empresarios de la industria militar y los jerarcas del Ministerio de Defensa sentían peligrar el negocio. Hacia finales de 1962, Estados Unidos había apostado varios miles de "asesores" militares en Vietnam del Sur. El Norte vietnamita abastecía a la guerrilla del Vietcong con armas y municiones, y la guerra, tanto como el involucramiento norteamericano en la contienda iban en ascenso y prometían extenderse en el tiempo. Semejante panorama hacía presuponer a fabricantes de armamentos y militares que el flujo de dinero estaría asegurado durante varios años. Parte de los consejeros de John Kennedy no pensaban lo mismo.

Muchas de las promesas electorales respecto de la reducción de la pobreza y el aumento presupuestario en el área social, seguían sin cumplirse. La guerra en el sudeste asiático se empantanaba, devoraba recursos y la amenaza del expansionismo chino podía neutralizarse si se lograba algún acuerdo con los rusos que levantara un barrera a las aspiraciones de Pekín.

John Fitzgerald Kennedy creía que los Estados Unidos debían seguir presentes en el sudeste asiático, pero varios de sus consejeros tenían dos proyectos que aspiraban a materializar en los primeros meses del año siguiente: distensión y acuerdo de no proliferación nuclear con la Unión Soviética, por un lado; y retiro gradual de los "asesores" militares de Vietnam, por el otro.

¿Hasta qué momento el presidente se mantendría firme en su decisión si la marcha del conflicto y la pavorosa política de Ngo Dinh Diem, el presidente sur vietnamita, le probaban que lo que en realidad tenía por delante era una larguísima sangría de soldados y dólares?

Sin un presidente involucrado, más que en el conflicto, en el negocio, los planes "pacifistas" de los asesores de Kennedy terminarían concretándose más temprano que tarde. Esto razonaban los magnates de la industria bélica y la cúpula del Pentágono.

Un camino a la tragedia

Rodeado de economistas prestigiosos reclutados en un par de universidades norteamericanas, JFK había emprendido, en su último año de vida, una lucha a capa y espada para sacar a Estados Unidos del estancamiento económico que arrastraba desde finales de la década de los 50. No eran ni los gastos militares, ni la renta petrolera, ni el negocio del juego y la droga lo que John estaba dispuesto a privilegiar. Carreteras, nuevas casas de estudios, aumento en el seguro de desempleo, apoyo económico a los más marginados constituían la batería de medidas propuestas por sus asesores económicos, y llevadas adelante por el presidente.

Se había logrado, finalmente, un acuerdo con la Unión Soviética, y los 16.000 "asesores" militares en Vietnam no habrían de ser incrementados. Las peores predicciones de quienes no querían seguir viendo a Jack Kennedy en la Casa Blanca se habían cumplido. Rodeado de intrigas, de dificultades en el parlamento manejado por Johnson, y con una CIA fuera de control, que había orquestado el asesinato del presidente sur vietnamita el 1 de noviembre, JFK se lanzó a trabajar para su reelección al año siguiente.

La crisis de los misiles y la batería de medidas económicas permitían suponer que se volvería a alzar con el triunfo, pero Jack sabía que fuera y dentro de su gobierno debería hundir el bisturí. Ignoraba que esa Texas, tan diferente de su Boston natal, acabaría con cada una de sus ilusiones y proyectos. Escribe María Ramírez:

"El estado de Texas, la última barrera al sur de la Unión, fue fundada por bandidos y morosos que construyeron su estado para protegerse de la ley o de sus deudores. Tras ganar la violentísima guerra por la independencia en 1835, Texas se mantuvo durante una década al margen de la Unión para no renunciar a sus esclavos".

Allí nació y se crió Lyndon B. Johnson, en el templo del Ku Klux Klan y de la ley de las balas. Allí, donde se enriquecieron ganaderos despiadados y violentos que conservaban sus vacas y sus tierras a punta de fusil y sangre fría. La tierra se defendía con coraje, y la tierra devolvía riqueza. Primero pastura para el ganado, luego, a partir de los años 30, el oro negro que saltaba de sus entrañas con sólo escarbar como era debido. Prosigue la periodista española:

"Entonces, el petróleo ya había sustituido a la ganadería y el cultivo del algodón como industria dominante, pero se mantenían las mismas técnicas marrulleras y despiadadas. Dallas se convirtió en la capital del Gran Petróleo y explotó las conexiones con Washington para mantener sus privilegios fiscales (era uno de los sectores que menos impuestos pagaba) y controlar los excesos de producción para encarecer el oro negro. Los robos y las puñaladas por la espalda, físicas y metafóricas, eran parte de la vida cotidiana de los monopolios petroleros".

En noviembre de 1963 sólo las apariencias habían cambiado. Ya no se mataba a plena luz del día y se asumía con orgullo el hecho, pero el lenguaje de pistoleros y tahúres continuaba siendo la lengua oficial de los magnates texanos.

Allí mandaban Johnson y sus muchachos, asistidos por los petrodólares de los dueños de la tierra. Era el lugar indicado para el magnicidio.

En tierra hostil

Se ha dicho con frecuencia, que varios de los consejeros de Kennedy, e incluso los jefes de su custodia personal, le habían sugerido al presidente cancelar su visita a Dallas, ya que les resultaría imposible garantizar su seguridad. Es difícil saber si esto ocurrió o no, pero quedaba muy claro que Jack no podía dejar de recorrer estados que le hubieran sido esquivos en la primera elección de no haber mediado la figura de Johnson. Kennedy debía ir a Texas, y mucho más si pensaba deshacerse de su vicepresidente. La recorrida por el "Lejano Oeste" comenzaba en Houston y San Antonio y, al día siguiente, 22 de noviembre, Fort Worth y almuerzo en Dallas.

Las tres primeras escalas se realizaron sin inconvenientes, y a las 11.40 hs, Kennedy y su esposa, descendieron del avión que los había traído desde Fort Worth y subieron al Lincoln Continental descapotable, modelo 1961, que habría de transportarlos, casi a paso de hombre, por las calles de Dallas.

Junto al presidente y su esposa viajaban también John B. Connally, gobernador de Texas, y su esposa y el agente del FBI Roy Kellerman. William Green conducía el vehículo.

La comitiva se puso en marcha, y a las 12.30, con seis minutos de retraso respecto de lo previsto, como producto de la cantidad de gente que deseaba saludar a John, el auto presidencial entró a la Plaza Dealey, avanzó por la calle Houston, y al llegar a la esquina con la calle Elm giró a la izquierda y pasó, a menos de 15 kilómetros por hora, frente al almacén de libros escolares de Texas.

Entonces, según indica la versión oficial de los hechos, un disparo partió de una de las ventanas del edificio, rozó en un árbol y se estrelló contra el pavimento; tres segundos después, una segunda bala penetró la nuca del presidente y salió por su garganta. Ocho segundos más tarde, un tercer proyectil se incrustó en la cabeza de Kennedy. El último tiro –se dirá oficialmente– fue el que provocó la muerte de John.

El disparo que salió por la garganta del presidente fue el que hirió de gravedad al gobernador de Texas –también según los informes– que, sin embargo, logró sobrevivir. Ningún otro integrante de la comitiva fue herido en el atentado que se cobró la vida de John Fitzgerald Kennedy.

El tirador solitario, Lee Harvey Oswald, fue detenido por la policía de Dallas en un cine, ochenta minutos más tarde, en el barrio de Oak Cliff, luego de haberse tiroteado con J.D. Tippit, un oficial de la policía al que Oswald le dio muerte, según dijeron los uniformados.

Media hora después de que el auto presidencial girara en la calle Elm, John Fitzgerald Kennedy fue declarado oficialmente muerto por los médicos del hospital Parkland.

Todo había sucedido de modo vertiginoso, y mientras la noticia daba vueltas al mundo no hubo tiempo para preguntas. Como no lo hubo cuando el mundo entero se enteró que Marilyn Monroe se había suicidado.

Otra vez las disonancias

Casi en el mismo momento en que el supuesto asesino era detenido por los uniformados de Dallas, desde Washington llegó una orden tajante: toda la evidencia debía ser recogida y enviada a la capital, tarea de la que se ocuparía el FBI. Lee Oswald, en cambio, que insistía en declararse inocente de los dos crímenes que se le imputaban, debía quedar detenido en Dallas.

Dos días más tarde, Oswald fue ejecutado por Jack Ruby, a quemarropa, delante de las cámaras de televisión que estaban cubriendo el traslado del supuesto asesino de una prisión a otra.

Pronto, algunas cosas comenzaron a sonar extrañas. Asesinar a Oswald delante de una multitud y sin posibilidad alguna de escape se parecía demasiado a un crimen mafioso, con impunidad asegurada para el asesino. Una segunda incongruencia, que no escapó a los muchos norteamericanos que aman las armas, las estudian y las conocen a la perfección, era que el Mannlicher-Carcano con mira telescópica de fabricación italiana, el rifle usado por Oswald, necesitaba un mínimo de 2,4 segundos para completar la operación de recarga, y, al menos 1,5 segundos más para volver a apuntar. ¿Cómo pudo Oswald realizar un segundo disparo, apenas 1,6 segundos después del primero?

El tercer interrogante tuvo que ver con lo que luego se conocería como la "teoría de la bala mágica". El disparo que entró por el cuello de Kennedy, salió luego por su garganta, atravesó el pecho del gobernador Connally, perforó a continuación su muñeca y, por último, se incrustó en su muslo.

Más allá del curioso y zigzagueante recorrido del proyectil para cumplir el itinerario, la bala debió atravesar 15 capas de ropa, 38 centímetros de tejido epidérmico, 10 centímetros de hueso de la costilla, y conservar fuerza aún para hundirse en el hueso del muslo. Todo esto, habiendo partido desde una distancia de 20 metros. Frente a la catarata de interrogantes, y la imposibilidad de eludir las sospechas, Lyndon Johnson ordenó una investigación que recayó en manos de la comisión Warren. Con el presidente de la Corte Suprema, Earl Warren, como titular, la comisión contaba, entre otros, con miembros como Allen Dulles, ex director de la CIA. Las conclusiones a las que llegaron, luego de escasos 15 días de trabajo, fueron casi patéticas. Para empezar, se daba por sentado que hubo un solo tirador cuando todas las evidencias probaban que la comitiva presidencial había sido atacada desde, al menos, tres ángulos diferentes. Para ello, se suprimieron declaraciones de testigos, se aseveró que los disparos habían sido sólo tres, en virtud de lo cual hubo que aceptar que una sola bala iba y venía produciendo heridas diferentes, y que el crimen era obra de un desquiciado.

Para mayor incomodidad de Warren y sus hombres, justo en la esquina de Houston y Elm, Abraham Zapruder, un industrial ruso, con su cámara Bell & Howell de 8 mm, registraba el momento mismo en que Kennedy era baleado. Los movimientos de la cabeza del presidente poco coincidían con el ángulo de tiro admitido por la comisión.

Tres años más tarde, Jim Garrison, fiscal de Nueva Orleans, tuvo una larga conversación con el senador Russel Long. Allí el parlamentario le puso frente a los ojos la larga lista de contradicciones que tenía la versión oficial del magnicidio. Garrison comenzó a investigar por su cuenta y, pese a la tremenda campaña de desprestigio que le hicieron los medios de comunicación y los funcionarios del gobierno, pudo probar que, efectivamente, había habido una conspiración para matar a John Kennedy.

En 1976, y a lo largo de dos años, una comisión de la Cámara de Representantes de los Estados Unidos reabrió la investigación sobre el crimen de Kennedy. Tras colectar evidencias que habían sido descartadas por la comisión Warren, y que aportara Garrison, los parlamentarios concluyeron que, efectivamente, había habido una conspiración para liquidar al presidente. Lo que no dijeron fue quiénes eran los conspiradores.

Epílogo

Sólo unas breves palabras quedan para agregar, tras el silencio de los que tienen aún todo para decir.

Ninguno de los dos amantes principales de esta historia podría descansar en paz. A John Fitgerald Kennedy y Marilyn Monroe los unió (parafraseando a Jorge Luis Borges) tanto el amor como el espanto. Con fuertes, aunque dispares, marcas familiares a cuestas ambos, y con la imperiosa necesidad de ocupar "un lugar en el mundo", tuvieron pocos límites a la hora de descartar medios que los condujeran a esos fines soñados.

Jóvenes, glamorosos y provocadores, cada uno a su manera debió representar el paradigma de los nuevos tiempos. Sin embargo, ninguno de ellos era, en verdad, hijo de las fuertes transformaciones que llegaban junto con el fin de los 50. Sólo aparentaban serlo, o mejor aún, se le exigió que lo fueran. Marilyn Monroe entró al mundo de Hollywood cuando éste comenzaba a despedirse de sí mismo. La magnificencia, las luces y el almíbar que después de la Segunda Guerra Mundial procuró restañar heridas y devolver alegría, se fue apagando al mismo ritmo que otras graves preocupaciones despuntaban en el horizonte.

Marilyn fue, al fin y al cabo, un ícono de ese Hollywood, pero un ícono tardío que debió pagar con su propio cuerpo el final de las candilejas. Ella soñaba una realidad distinta de la que tenía, y se atrevió a apuntar: "Ojalá que la espera no desgaste mis sueños". Pero su accionar atentaba contra esa ilusión que decía mantener. Tenía ya una veintena de películas hechas al conocer a John. Era joven y vieja a la vez. No era tonta pero vivía de aparentarlo, con su cabello rubio y una sensualidad como al descuido a veces, exhibida con pretendida lascivia otras.

John Kennedy tuvo que comprender un mundo demasiado alejado de su lustroso Boston, muy complejo para la mirada de un joven formado en la abundancia económica y una religiosidad capaz de contestar cualquier pregunta.

Tal vez su error verdadero fue interpretar la nueva era de deseado pacifismo, en una sociedad alimentada por la máquina de la guerra, donde el petróleo, la industria pesada y la armamentista dictaban sus reglas de acero. "El hombre tiene que establecer un final para la guerra. Si no, la guerra establecerá un final para la humanidad", había dicho, y en esto se adelantaba en décadas al pensamiento colectivo actual.

Ambos fueron víctimas de la incomodidad de lo nuevo, de lo desconocido, de lo que aún no ha sido contestado. Incomodidad que, con frecuencia, invita al escapismo; escapismo que suele llevar a la tragedia.

Pero fueron víctimas sobre todo de los grandes intereses, y ya que estamos en plan de citarlos, la supuesta diva de cabeza hueca dijo también: "Dinero, sólo de ello se trata todo".

Marilyn Monroe debió abandonar a Norma Jeane cuando ni siquiera había terminado de conocerla. Norma Jeane, siempre miró a Marilyn Monroe como una extraña y estrafalaria invención del mundo de las fantasías. Ella no era así. Pero hacía al mismo tiempo esfuerzos por parecérsele.

También John Kennedy debió olvidar pronto a Jack. La muerte repentina de Joseph, su hermano mayor, el que "todo lo hacía bien", y el elegido por la familia para llevar al clan a las alturas del poder, lo obligó a calzarse de apuro un ropaje que ni le sentaba, ni le gustaba. Después, la realidad, los acontecimientos y la carrera vertiginosa hacia el objetivo impuesto, hizo lo demás. Su romance, rodeado de una infinidad de oscuros intereses, sólo fue un vaso de agua en el árido camino.

Si hubo mutuo amor o no, no se sabe. Eran dos falibles seres humanos, y su encuentro, algo que no debió pasar a mayores y que sólo Dios debía condenar o absolver. Pero ambos pagaron lo hecho con una muerte violenta y temprana. Al fin y al cabo, los mató la misma sociedad que los había adorado.

Bibliografía

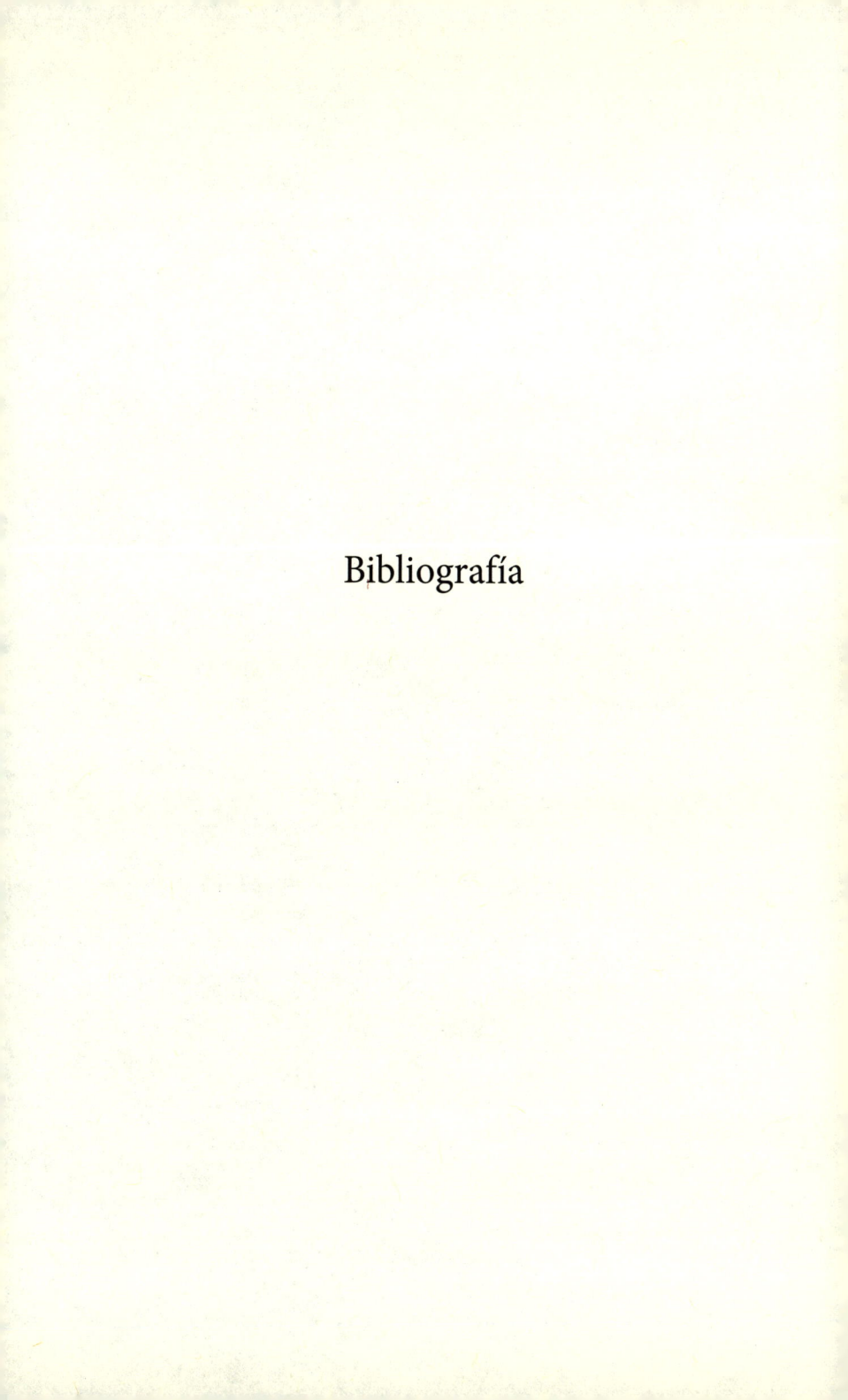

- Andrada, Ovidio: *Kennedy. La Alianza para el progreso. Historia de América en el siglo XX*, Buenos Aires, Centro Editor de América Latina, 1985.
- Armas Fonseca, Paquita: "Después de Venus... Marilyn", La Habana, revista *El Caimán Barbudo*, N° 341.
- Barón, Ana: "Infieles y solitarios", Madrid, diario *El Mundo*, 1996.
- Calleja, Pedro: "Maridos y amantes", Madrid, diario *El Mundo*, 2005.
- Canaletti, Ricardo V.: "La larga sombra de un gángster brutal", Buenos Aires, diario *Clarín*, 2000.
- Frade, Cristina: "¿Ordenó Johnson matar a Kennedy?", Madrid, diario *El Mundo*, 2003.
- González, Jonio: *Marilyn Monroe*, Barcelona, Icaria, 1993.
- Kaspi, André: *John F. Kennedy*, Buenos Aires, Folio, 2005.
- Kruschev, Nikita: "Acerca de Kennedy", Buenos Aires, revista *Gente y la Actualidad*, 1974.
- L'Estrange, Ivonne: *Marilyn Monroe y sus secretos de diván*, Buenos Aires, La Mandinga, 2005.
- Ramírez, María: "Cómo Johnson mató a JFK", Madrid, diario *El Mundo*, 2003.
- Ramonet, Ignacio: *Fidel Castro. Biografía a dos voces*, Barcelona, Debate, 2006.

- Robinson, Andy: "Sinatra estuvo en la cumbre mafiosa donde se pactó matar a un gángster", Buenos Aires, diario *Clarín*, 2005.
- Rodrigué, Emilio: *Sigmund Freud. El siglo del psicoanálisis*, Buenos Aires, Sudamericana, 1996.
- Schneider, Michel: *Últimas sesiones de Marilyn*, Buenos Aires, Alfaguara, 2008.
- Sheylak: "Marilyn Monroe. Una historia", *Marilyn Monroe's Official Web site, CMG Worldwide*, 2006.
- Sorensen, Theodore: *Kennedy: el hombre, el presidente*, Barcelona, Grijalbo, 1996.
- Wapshott, Nicholas: "Jackie Kennedy sabía sobre las amantes de JFK", Santiago de Chile, diario *El Mercurio*, 2004.
- Wolfe H. Donald: *Marilyn Monroe. Investigación sobre un asesinato*, Buenos Aires, Emecé, 1999.

ÍNDICE

Introducción	7
Capítulo I El *iceberg* sobre el agua	13
Capítulo II Una hija de la calle	27
Capítulo III Razones del corazón	37
Capítulo IV Infierno y Paraíso	63
Capítulo V Camas y divanes	87
Capítulo VI Juegos peligrosos	103
Capítulo VII *Requiem* para una rubia	123
Capítulo VIII La otra muerte	139
Epílogo	155
Bibliografía	161

J. F. Kennedy y Marilyn Monroe, de Cordelia Callás,
fue impreso y terminado en julio de 2009,
en Encuadernaciones Maguntis,
Iztapalapa, México, D. F. Teléfono: 56 40 90 62.
Realización editorial: Page S.R.L. (page@fibertel.com.ar)
Corrección: Licia López de Casenave
Formación: Victoria Burghi